新任3年目までに身につけたい

困った場面をズバリ解決！

指導術

土居正博 編著

教育サークルKYOSO's 著

JN040215

明治図書

はじめに

―若手教師のつまずきには共通項がある！？―

　私が主宰するサークル活動も約5年目に入りました。

　「サークル活動」と言ってもそんなに大それたものではなく，同世代の仲間で定期的に集まって実践を持ち寄り，ああでもないこうでもないと皆でワイワイと教育について語り合っているような感じです。

　そこでは，授業実践のみならず日頃の悩みなども語り合います。

　その中で私は，あることに気づいたのです。それは，

> 若手教師がつまずくことはすべて同じではないが，
> かなり似通っている

ということです。

　例えば，本書38ページに挙げている「授業を始めようとしたら，子どもがケンカしている」という局面。

　若手教師であれば誰しもが一度は経験することです。

　そして，実はそこでの対応がまずいとクラス全体に影響を及ぼしかねない，重要な局面でもあります。（詳しくは本書の該当ページをご覧ください。）

　このような若手教師にありがちな悩みに対しては，「少し先輩」である我々こそ，同じような悩みを抱えた記憶が新鮮であり，なおかつ今であれば適切なアドバイスができるのではないかと思います。

　そこで本書では，新卒～3年目頃までに多くの教師が経験するであろう「あるある」な悩みと，その解決策をたくさん取り上げました。項目を出す

ところから解決策を挙げていくところまで，すべてサークルメンバーで綿密に議論を重ねました。

　その結果，取り上げた悩みは多くの若手教師に共感してもらえるだろうものが揃いました。また，悩みに対する解決策は，議論に議論を重ねていくと「このようなときは○○する」という，いわゆる「教育技術」だけでなく，「解決に向けた考え方」や「教師の姿勢」などについても述べています。こういった「考え方」や「姿勢」こそ，若手教師が成長していくうえで最も重要なことです。

　本書に掲載した内容は，どの悩み及び解決策も，サークルメンバーが実際に経験し，そして解決してきた事例ばかりです。本書が，日頃悩みがちな若手教師の皆さんの心強い拠り所になれれば，うれしい限りです。

編著者　教育サークル KYOSO's 代表　土居正博

本書の コンセプト 及び 読み方

本書のコンセプト

　最初に，本書のコンセプトや構成についてご紹介したいと思います。

　まず，**本書のコンセプトは，「若手教師の悩みを解決すること」**です。

　ここで言う「若手教師」とは，新卒〜３年目くらいの教師を想定していますが，数字は一つの基準に過ぎないので，あまり厳密に捉えず，「まだまだ経験が浅く分からないことがほとんどだ」という自覚がある教師であれば本書の対象になると思います。

　さて，「若手教師」と一口に言っても様々な方がいますが，それでも意外なほど若手教師が経験する悩みは似たことが多いものです。

　試しに目次をご覧になっていただければ，すぐに「あぁ，これあるある！」と頷いていただけることと思います。

　我々も，新卒〜３年目までの間にこれらの悩みの多くを経験しました。一つ一つは細かい悩みであっても，積み重なると「どうしたらいいのか分からない！」と途方に暮れてしまうこともありました。

　新卒時に多くの教師が学級崩壊やそれに似た状況を引き起こしてしまう，と言われていますが，実はその原因が，本書に挙げたような悩みの場面（特に授業や学級経営に関する悩み）でうまく対応できなかったということもあるかもしれません。

　教育は細かいことの「積み重ね」です。授業に遅れてきた子にどう対応するか，騒がしいときにどうするか，授業で発言する子が偏っているときどうするか……など，これらの場面においてどう対応するかは，絶対的な正解は

ないものの，教師がその場その場で「最適解」を考え実行していくことで，子どもが少しずつプラスの方向へ進むことができます。

　しかし，これらの場面ですべて「不正解」を選択し実行していくことを「積み重ねて」しまっていったら……，子どもは確実にマイナスの方向へ進んでしまいます。教師の言うことに耳を貸さなくなり，子ども同士のトラブルが多発し，授業が成立しなくなってしまうこともあります。

　本書はそのような，皆が経験するうえ，なおかつ実は重要な「あるある困った場面」の事例をたくさん取り上げました。**その一つ一つの悩み，困りに，「少し先輩」の立場から答えた**のが本書なのです。

　本書に挙げた「あるある困った場面」は，実際に私やサークルメンバーが経験したものです。

　しかも，我々サークルメンバーの年齢層は，20代〜30代前半ですので，まだまだその場面での記憶も鮮明です。若手教師の思い，立場や状況なども加味したうえでのアドバイスができると思います。

　本書は，新卒〜3年目くらいまでの若手教師の方々に特におすすめです。おそらく目次をご覧いただき，「これ，あるある！」と共感していただいているでしょうから，その悩みをもっている真っ最中かもしれません。本書はその悩みに寄り添い，解決に向かう手助けができるはずです。

　また，これから教壇に立とうとされている学生の方にもぜひお読みいただきたいです。「現場に出るとこういうことで悩むのか」という心構えをつくることができると思います。教壇に立つ前にこの心構えがあるのとないのとでは，大きな差になります。何か問題が起きても「ああ，あの本に書いてあったことだ」と，悠然と構えることができるからです。

本書の構成について

次に，本書の構成についてです。本書は，全6章構成になっています。

1章は「授業編」です。若手教師が最も悩むところかもしれません。ここでは，教材研究の仕方や板書の仕方など「授業全般」の悩みを挙げました。（各教科での細かい悩みなどは，今後の続編をご期待ください。）

2章は「学級経営編」です。まだまだ授業がうまくいかない分，若手教師が最も力を入れるべきところかもしれません。学級経営上重要かつ若手教師がよく直面する，「あるある」な困った場面を厳選しました。

3章は「子どもとの関わり編」です。様々な課題を抱える子どもに対応できることが，安定した学級にしていくうえで非常に重要です。ここでも，若手がよく手を焼きがちな場面を取り上げています。

第4章　4章は「保護者対応編」です。近年は保護者対応も難しさを増しています。ここでは，若手教師に役立つような非常に基本的な保護者対応を取り上げています。保護者対応の基礎を知ることができると思います。

第5章　5章は「同僚との関わり編」です。よい仕事をするには勤務校で周りの先生方とうまく関わっていくことが不可欠です。それでも同僚との悩みを抱えやすいのも事実です。そんな若手教師に寄り添う内容になっています。

第6章　6章は「仕事術編」です。増加し続ける仕事量に悩む若手教師は多くいます。そんな中，何に重きを置きつつ，どのように効率的に仕事を進めていけばよいかを考えていく章です。

　1つの「あるある困った場面」につき，見開きページの構成になっています。どの章からお読みいただいても構いません。ご自分の悩みや困りに合わせて，本書を有効活用していただければと思います。

「あるある困った場面＆解決策ページ」の読み方

　最後に，本書の「あるある困った場面＆解決策ページ」の読み方を解説します。次のような構成になっています。

「あるある！困った！こんな場面」
左ページ上は初任者や若手教師目線で「あるある困った場面」を説明している項目です。「初任者や若手教師から寄せられた相談」という想定で書いています。まずは見出しとこの項目を読んで，問題場面や悩みをご自身の体験と合わせて具体的にイメージしてください。

授業に遅れてくるなど，
時間を守らない子には

あるある！困った！こんな場面

　クラスに時間を守らない子が多くいます。休み時間明けの授業ではいつも数人遅れてきます。毎回注意するのですが，遅刻を繰り返してしまいます。

これで解決！指導のポイント

　遅れてくる子を待つのをやめてみましょう。授業開始時刻になったらサッと授業を始めてしまうのです。
　まず考えるべきは，準備をして待っている子たちが損をしないようにすることです。そのために，開始時刻になったらすぐに授業を始めてしまいます。遅れてくる子は，「待ってもらえるだろう」と思っているから何度も遅れてくるのです。チャイムと同時に始めてしまうようにすれば，遅れてきた子も「次からは遅れないようにしないと」と思うようになります。また，遅れてきた子に必ず「すみません。○○をしていて遅れてしまいました」などと，一言言わせてから席に座らせるようにします。特別な事情がある場合もあり，そのような子とだ遊んでいた子と一緒くたにしないようにするためです。
　そして，教師は「遅れた２分間は次の休み時間に勉強してもらいます」と伝え，その通り実行させます。厳しく怒鳴る必要などありません。遅れると自分が損をするようなシステムにするのです。

- まずはしっかり準備している子を優先して授業を始めてしまおう！
- 遅れると自分が損をするシステムにしてしまおう！

56

「これで解決！○○のポイント」
左ページ下は初任者や若手教師から寄せられた相談に対して，「少し先輩」の立場
し先輩」からの目線ですから，自分も同じような悩みを経験したときの記憶が鮮明
ます。この項目が本書の主内容になります。「これで解決！」と銘打ってはいます
る場合が多く，その解決策も一筋縄ではいかない場合がほとんどです。そのため
ような方法はほとんどありません。この項目には，具体的な教育技術ももちろん
「悩みが解決に向かうための考え方」や**「教師の姿勢」**についての記述がメインで
ンバーで議論に議論を重ねています。きっと，先生方の悩みを解決するための一助

本書を武器に，悩み多き初任者時代，若手教師時代を生き抜いていってください！

イラストで分かる！
右ページ上は「解決策」をイメージしやすいようにイラストにしました。本書の売りの一つでもあります。具体的実践をさらに詳しく分かるように補足しているページもありますので，文章だけでなくイラストにもぜひ目を通してみてください。

きちんと準備している子に損をさせない

第2章　学級経営編

☑ こうなるまえの！予防策

低学年などの場合，遊びに夢中になって時計を見ていなかったり，帰ってくるのにかかる時間を計算できなかったりして，どうしても時間を「守れない」子がいます。そのような場合はどうしたら時間を守れるかを考えさせ，場合によっては教師も一緒に考えてあげましょう。

（土居正博）

57

予防策やワンポイントアドバイスなど
右ページ下には「解決策」に書ききれなかった内容を載せています。そもそも問題が発生しないための予防策や，細かい補足情報，さらに詳しく知りたい方のための参考情報，指導した後のフォローなどを含めた事後指導などについて，必要に応じて載せています。これらの情報も含めて，幅広い視野から問題を解決する方法を見つけていっていただければと思います。

から解決策を示している項目です。「少で，悩みに共感的にアドバイスしていが，教育現場の問題は複雑な要因があ**「こうすれば全部解決！」という魔法の**書いてありますが，それよりもむしろす。どの項目についても，サークルメとなるはずです。

9

1 授業編

CONTENTS

4 保護者対応編

5 同僚との関わり編

6 仕事術編

授業編

一日の大半を占める授業。

だからこそ，困ることがたくさんあります。

放置すると学級崩壊にもつながりかねません。

困ったときに，即解決！が基本です。

子どもたちに指示が通らない

あるある！困った！こんな場面

何度指示を出しても子どもに伝わりません。しまいには，大きい声で怒鳴るように指示をしてしまい，後悔します。

これで解決！指導のポイント

教師の指示について，向山洋一氏は「一時一事の原則」と述べています。**子どもに対して一度に指示をすることは一つだけにする**ということです。これは，簡単なようでできていないことが多いです。同じ指示を何度も復唱したり，複数の指示を一気に提示したりすると，子どもに対して指示が通りにくくなります。なるべくシンプルに，言葉を吟味して指示を行うことを心がけましょう。まずは自分の指示を振り返ってみてください。授業を録画・録音すると，話すスピードや間の取り方なども確認することができるのでおすすめです。

また，黒板にこれからやることをナンバリングして書き出したり，簡単な図やイラストを描いて視覚化したりすると，子どもに伝わりやすい場合もあります。これは，特別支援を必要とする子どもに対しては特に有効な手立てです。子どもが次に何をするかが，頭の中で具体的にイメージできるように指示を出すことが大切です。

- 「一時一事の原則」を守ろう！
- 子どもが次の活動をイメージできるように指示を出そう！

短い指示なら，クラス全員ができる

参考文献：向山洋一著（2015年）『新版　授業の腕を上げる法則』学芸みらい社　　（穐山直人）

子どもの発言が少ない

あるある！困った！こんな場面

　授業で発問を投げかけても，子どもの発言が少なく，結局教師ばかりが話してしまいます。授業を活発にするには，どうしたらいいのでしょうか。

これで解決！指導のポイント

　要因はいろいろあると思いますが，ここでは発問に絞って考えてみましょう。

　まずは，**子どもたちの知的好奇心をくすぐる発問**になっているか，見直しましょう。「知っているはずのことだったのに，知らなかった」「もう少しで分かりそう！」というとき，子どもたちの探究心に火がつくはずです。

　次に，**クラスの全員が考えをもてるような発問**になっているか，見直しましょう。二者択一の発問や，選択型の発問（例：心情を表している一文はどれか？），集約型の発問（例：自分の考えを一言で書きなさい。）などの発問を段階に応じて使い分けることで，子どもたちが自分の考えをもつことができるでしょう。さらに，その考えをもとに話し合い活動を行うことで，子どもたちの声が響く，活発な授業になるでしょう。

- ●子どもたちの好奇心を喚起する発問を心がけよう！
- ●クラスの全員が考えをもつことのできる発問にしよう！

発問が変われば，子どもも変わる

✅ プラス！ワンポイント

　子どもの発言が少ない原因は，他にも様々な要因が考えられます。子どもが安心して発言できるようになるための関係づくりや，積極的な態度を育てるための声かけ，単元に即した発問にするための教材研究など，常に様々な方法を考え，実践していく姿勢をもち続けましょう。

参考文献：寺井正憲・伊崎一夫編著（2015年）『シリーズ国語授業づくり　発問—考える授業，言語活動の授業における効果的な発問—』（日本国語教育学会監修）東洋館出版社

（長田柊香）

教師ばかりが一方的にしゃべっている

あるある！困った！こんな場面

　毎日の授業や学級指導，教えたいことがたくさんあって教師が一生懸命語っているが，子どもたちの顔がつまらなそう……。

これで解決！指導のポイント

　たくさんのことを伝えようとすると，子どもたちにとって分かりづらい授業になってしまいます。自分の指導を客観的に振り返ることが大切です。

▶自分の授業を見る機会をつくる

　授業を動画に撮ったり，録音した音声を書き起こしたりして振り返りましょう。すると，しゃべりすぎ，意味不明な発言が多いことに気づくことができます。また，自分の授業を人に見てもらう機会をつくりましょう。学年の先生，管理職にお願いして見に来てもらい，助言をもらうとよいです。

▶指導言を整理する

　教師の指導言は説明，指示，発問の３つに分けることができます。指示，発問を成立させるためには，簡潔で明確な説明が必要不可欠です。そして指示，発問をした後は**待ちましょう**。焦ってすぐに言い直したり，追加の指示をしたりしないようにします。指導言を明確にすることで子どもたちにとって「分かる」授業が行えるようになります。

- 自分の指導を客観的に見る機会をつくろう！
- 指導言を整理して自分の授業や話し方をアップグレードしよう！

つまらない授業は，罪である

☑ こうなるまえの！予防策

　説明，指示，発問の前に，今日のこの時間で子どもたちに何を理解させ，取り組ませるのか，指導事項を明確に具体的にしないといけません。

　それがはっきりと決まったら，ノートや付箋に書き出して，指導の際に教卓に貼っておくとよいです。もちろん覚えておくことが大切ですが，まずは子どもたちのために，分かりやすい指導を具現化することの方が重要です。

参考文献：堀裕嗣著（2012年）『一斉授業10の原理・100の原則』学事出版

（石澤　智）

ざわざわしていて子どもが
話に集中しない

あるある！困った！こんな場面

　先生が話しているときや，誰かが発言しているとき，ざわざわしていて話を集中して聞く雰囲気がつくれません。

これで解決！指導のポイント

　まずは，**静かになるまで待ちます**。騒がしい中で話を続けると，子どもたちはその雰囲気を悪いと感じなくなってしまいます。何も言わずに，静かになるまで待ち「静かになったら話す」＝「静かになるまでは話が進まない」という習慣を身につけさせましょう。子どもたちから「静かにしてください」等と声に出してお互い注意をし合うことがあるかもしれません（特に低学年）。自分たちで気づいたことはとてもよいことですが，その声によって騒がしくなったり，注意した子と注意された子の間に嫌な空気が流れたりします。そのような場合には，①ハンドサインを決め，先生がグーをしたら黙ってグーの真似をする，②手拍子でリズムをとり，後に続いて真似をさせる等，言葉以外で気づかせる方法を取り入れてみましょう。

　そして，**話し方の工夫をしましょう**。「今から大切な話をします」「一度しか言いません」と前置きをする，「3つ話します」と項目立て一文を短くする，声のトーンや間のあけ方を工夫する等も効果的です。

- 静かになるまで待とう！
- 話し方を工夫しよう！

誰にも見通しを！

✓ プラス！ワンポイント

　静かにできることが目的ではなく，話をしっかりと聞けることが重要です。そのためには，話を聞く必要感をもたせることが大切です。話をした後，話した内容をクイズにする等，聞くことができていたかどうかチェックできるような工夫も有効的です。

（小川志穂）

授業中，叱ってばかりになってしまう

あるある！困った！こんな場面

　授業をスムーズに進行させることに精一杯で，気づいたら子どもを叱ったり，マイナス面を注意したりすることばかりになってしまっています。

これで解決！指導のポイント

　話を聞いていない子や指示と違うことを行っている子はどの学級にもいます。しかし，その子への指導に時間をかけると，授業全体の進行が止まり真面目に頑張っている子が待たされることになってしまいます。時にはその子に気がついていても見逃してあげることのできる心の余裕をもちましょう。

　そして，授業においては，**少し視点を変えて子どものちょっとしたことでも褒めてみること**をおすすめします。例えば，授業に対する姿勢一つについても，「指先まで伸びて手が挙がっていますね」「背筋を伸ばして座れていますね」「鉛筆を正しく持つことができていますね」などが考えられます。誰かが褒められると，「私も認められたい」と真似をするのが子どもです。

　ただし，発言に関しては，ある特定の子どものものに対して強く価値づけてしまうと，子ども全体の学びがその発言に対して強く影響を受けます。授業のねらいに近づくものでなければ，「なるほど」「そういう考えもあるのか」などの共感に留めておくことも必要です。

- 気になる子への指導はやり過ぎないことも大切！
- 姿勢や取り組み方など小さいところから褒めていこう！

よい姿は，褒めることで広げる

✅ プラス！ワンポイント

　机間指導の時間に，バインダーに挟んだ名簿を持って，子どもの様子で気がついたことを書き込んでいきます。特筆すべき子どもについては，全体に共有したり，授業後に個別に声をかけたりすることもできます。評価や通知表の文章にも活用できるのでおすすめです。

参考文献：山口薫著（2010年）『発達の気がかりな子どもの上手なほめ方しかり方』学研（p.84）

（穐山直人）

板書をうまくノートに写せない

あるある！困った！こんな場面

　授業中に「ノートのどこに書けばいいか分からない」「一行空けますか？」と声が上がり、いちいちやりとりをしていると、きりがありません。また、自分の板書を見返してみると、ぐちゃぐちゃでどうしたらいいか分かりません。

これで解決！指導のポイント

　最近はマス目のある黒板を利用している学校もあるかと思います。マス目がない場合でも、**黒板に子どもが使っているノートと同じマス目を貼り付けましょう。** そうすることで、どこに書けばいいのか見当が

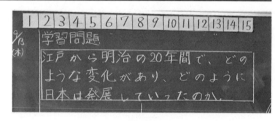

つきます。また、教材研究の際には、子どもと同じノートに板書と同じように書いて準備するとよいです。そうすることで、書く内容を整理することができます。**ノートは１時間につき見開き１ページでまとめる** ようにすると、後で振り返ったときに１時間の流れが分かりやすいノートに仕上がります。

　また、毎回自分の板書を撮影することをおすすめします。自分の授業の振り返りにもなりますし、どんなところがうまくいっていないか確かめることができます。

> ●黒板に子どものノートと同じマス目を貼ろう！
> ●子どもと同じノートを使って、板書のイメージをつくろう！

子ども目線で考えよう

これを板書だと考えて…

学習問題

✔ こうなるまえの！予防策

　板書をするうえで，子どもとの決まり事をつくっておきましょう。例えば，黄色チョークで書くときは赤鉛筆で書く，青チョークで書くときは何も書かないというようにすることで，無駄なやりとりが減り授業がスムーズにいきます。

（花上和哉）

27

自分の考えを書くことができない子には

あるある！困った！こんな場面

　どの教科でも自分の考えを書かせる場面はあるでしょう。しかし，必ずと言っていいほど手が止まってしまう子がいます。

これで解決！指導のポイント

　「一文字でも何かしら書こう」，まずは友達の「真似」を推奨するべし！書くということ自体が難しい子に，いきなり「書きなさい」と言うのは酷な話です。「自分の」という制約をいったん捨て，「友達が書いたものを見て，"そのまま"でいいからまずは写してごらん」と伝えてみましょう。すると，「それならできるかも」と，手が動き始めるはずです。慣れてきたら，その子なりの言葉を付け加えさせ，徐々に負荷を与えていくのです。はじめは，自力で書くことができなかった子が，最終的には，「今日はどうする？」と問いかけても，「自分でやってみます！」と自信満々な笑顔を見せてくれるはずです。

　「ゼロ」からは何も始まりません。まずは，「ゼロ」を「イチ」にすること。書くことに対して抵抗感がある子にとっては，書く前段階でつまずいているケースがほとんどです。一文字でも一文でも，友達の「真似」であっても，「書けた！」という体験を積ませていくのが一番の近道なのです。

- いきなり「自分の」を求めない！
- 友達の「真似」であっても，まずは「書けた」という体験を！

学ぶことは，真似ることから

友達が書いたものを見て，"そのまま"でいいからまずは写してごらん。

✔✔ こうなるまえの！予防策

「AとBどちらだと思うか」といった形で，自分の立場を選択する問いは有効です。いきなり書くのが難しい子でも「ぼくはAだと思います」程度ならすぐに書けるはずです。このように途方に暮れたり，手が止まってしまう状況をつくらなければ，徐々に書けるようになっていきます。

参考文献：森川正樹著（2018年）『子どもの思考がぐんぐん深まる　教師のすごい！書く指導』東洋館出版社

（伊藤正憲）

一部の子どもばかりに
発言が偏ってしまう

あるある！困った！こんな場面

　教師の発問に対して即座に反応する子とできない子がいます。挙手をしていない子を指名しても答えられず，授業の雰囲気も暗くなってしまいます。

これで解決！指導のポイント

　発言が偏る原因として，**発言を他人任せにしている**ということが挙げられます。次の方策を順番に行いながら，解決していきましょう。

　①「分かった人は挙手しましょう」「ノートに自分の考えを書けた人は挙手しましょう」等，発言の前段階として意思表示をさせます。

　②「○ページの中から探してごらん」「昨日のノートに書いてあるよ」等，探せば必ず答えが見つかる発問をしたり，発問を易しいものから段々難しいものにしたり，工夫して授業を行うようにしましょう。そうすることで，子どもたちは安心して意見を発表することができるようになっていきます。

　③挙手指名だけにせず，机間巡視の際「これ，後で発表して」と事前に声をかけておき発表させたり，列指名や，班の中の○番の人が発表したりする等，意図的な発表の機会を設定しましょう。この際，事前にペアトーク，グループトークをしておくと効果的です。

- 易から難へ，自分から発言できるようになるための方策を継続して行うことで，発言へのハードルを下げ，授業への参加意識を高めていこう！

全員が参加していない授業は NG

 Check!

1学期：安心して挙手，発言できる学級を組織する。

　　　　分かっていることは全員が発言できるようにする。

2学期：自分の考えを全体の前でも発言できるようにする。

3学期：自分と友達の考えを比較して質問や意見を言えるようにする。

　1年後の子どもたちの姿を設定し，そこから逆算して日々の授業を行い，子どもたちを鍛えていきましょう。

（石澤　智）

子どもが学習課題に取り組んでいる間，手持ち無沙汰になる

　子どもたちが学習課題にそれぞれ取り組んでいる間，なんとなく教室を回りましたが，具体的に何をすればいいのか分からなくて……。

これで解決！指導のポイント

　子どもが課題に取り組む間，することは主に3つです。

　1つ目は，**課題に困難を感じている子への支援**です。子どもの状態によって多様な対応が求められますが，ヒントを出したり，教えたりします。

　2つ目は，**子どもの解答の把握**です。後にクラスで話し合いをすることが多いですが，指名する子をこの時間に決め，誰をどの順序で指名するかなど，話し合い活動の見通しを立てます。

　3つ目は，**子どもたちへの励まし**です。教室を回りながら「なるほど！」「詳しく書けているね」「いいね〜」「おもしろい！」など，声をかけていきます。少し大きめの声で言うと，言われた子の意欲が向上するとともに他の子たちへの刺激にもなります。また，「○○君の考えを聞いてみたいな」といった具合に，話し合い活動へのモチベーションを上げる効果もあります。

　3つをまとめて行うのが難しい場合は，まずは「子どもたちへの励まし」からやってみましょう。肯定的な教師の言動は，子どもたちのやる気を高めます。この時間は，授業のねらいを達成するための貴重な時間です。授業計画を立てるとき，何をどのようにするのか考えておくとよいです。

> ●子どもが課題に取り組んでいる時間を有効に使おう！

漫然とした机間指導では意味がない

☑ プラス！ワンポイント

　日々授業を重ねていると，どの子が課題に困難を感じやすく，どの子がどのような解答をするか傾向が分かってきて，予想しやすくなります。授業計画を立てる際，どの子の支援にまわろうか，あの子はこんな解答をするかもしれない，など具体的に見通しを立てておくと，安心して授業を実践することができ，ねらいの達成に一歩近づくことができます。

（高橋正明）

課題が終わって退屈している子がいる

あるある！困った！こんな場面

　課題に取り組ませていたら「終わったら何をしたらいいですか？」と質問があり，次々に終わった子が出てきて，対応できなくなりました。

これで解決！指導のポイント

　活動後の見通しをもたせずに課題に取り組ませてしまうと，早く終わった子は何をしてよいか分かりません。課題に入る前には，「授業の課題が早く終わった場合は，～をしようね」と**あらかじめ全体に指示を出しておきましょう**。課題後の指示は，課題が終わった子への学習を保障するものです。例えば以下のような順序で指示を出しておくと，終わった子も安心して動けます。

　①ドリルを進めましょう。（ドリルの進め方も事前に指導が必要です。）

　②問題づくりをしましょう。（問題づくりノートなどを作っておき，漢字や算数の文章題などを作らせます。）

　③困っている子を助けましょう。（答えを教えるわけではないことを伝えることが必要です。）

　黒板に何をするのかを順序立てて書いておくと，支援が必要な子も，何をするのかが分かります。課題後にすることを学級ルールとして決めておくことで，毎回説明しなくても子どもが自主的にできるようになります。

- 慌てないために子どもの反応を予測しておこう！
- あらかじめ全体に指示を出しておこう！

見通しをもたないと…必ず失敗する

☑ こうなるまえの！予防策

　常に，「子どもが戸惑うことなく活動できるにはどうしたらよいか」，という見通しを教師がもっておくことが重要です。それがないまま授業を始めてしまったり，説明を始めてしまったりすると，問題場面のような状況になってしまいます。教師が先を見通せていなくては，子どもが見通しをもつことなどできないのです。

参考文献：向山洋一著（1984年）『子供を動かす法則と応用』明治図書　　　　（東川博規）

課題が終わらない子に合わせていると, 授業が進まない

あるある！困った！こんな場面

　課題を終えるペースが一人一人違うことがあります。例えば, 自分の考えを書く場面で, たくさん意見を書こうとしている子どもたちが終わるのを待っていると, 授業がうまく流れていきません。

これで解決！指導のポイント

　授業では, それぞれの活動をする時間をきちんと定めましょう。課題に対して時間をかけて取り組んでいる子どもの場合, その子が終わるのをずっと待っていると, 授業は停滞してしまいます。**大切なのは, 活動の時間をきちんと区切ることです。** 5分なら5分, 7分なら7分, という具合です。時間を延ばすとしても, 机間指導する中で, 全体の進度を見て延ばすかどうかを決めます。「まだ時間がほしい人？」「では, あと2分だけとります」これ以降は, もう延ばしません。

　あらかじめ提示する時間は, 予定している時間より短めに設定しておくと, 時間を延ばしたときに授業の進度に影響しません。しかし, 毎回毎回時間を延ばしていると, 「先生はいつでも時間を延ばしてくれる」と思われるため, 注意が必要です。また, 活動時間が分かるようにタイマーをつけたり, 何時まで課題に取り組んでいいかをはじめに伝えたりしましょう。

> ● 活動時間をきちんと設定し, 子どもたちに提示しよう！
> ● 机間指導で全体の進度を確認してから時間を延ばすかどうかを決めよう！

時間を制する者は，授業を制す

✓ こうなるまえの！予防策

　時間をかけて課題に取り組む子どもには，たくさん意見を書こうとしたり，少しでもよい意見を書こうとしたりする傾向があります。そのようなときには，「時間内に終わらせるのも自分の力の一つだよ」という話をしてあげると，自分の力をさらに高めようと努力します。

参考文献：堀裕嗣著（2012年）『一斉授業10の原理・100の原則』学事出版（p.79）　　　（花上和哉）

授業を始めようとしたら，子どもがケンカしている

あるある！困った！こんな場面

授業開始時に子どもがケンカしていると，「何があったの？」「なぜそんなことになったの？」と，子どもの話を聞こうとしがちです。しかし，そこでじっくり話を聞いてしまうと，予定していた授業を行えません。

これで解決！指導のポイント

まず，考えなければならないことは，クラス全員の学習保障です。学校は授業を通して学ぶ場です。ケンカをしていた子どもがいたから授業ができなかった，という事態は避けなければなりません。何よりも授業に参加しようとしていた子どもたちを優先する必要があります。そのため，「後で，何があったか教えて」と子どもに伝え，すぐに授業を開始しましょう。

そもそも子どもは，ケンカをした後，すぐに冷静になれません。少し頭を冷やす必要があります。そのため，ケンカをしていた子どもを無理に授業に参加させなくてもよいのです。授業が進んでいくうちに，自然と参加できればよいでしょう。ただし，授業後には，「さっき何があったの？」と必ず聞いてあげましょう。そして，心配していたことも伝えましょう。

教師が必ず授業を行うという姿勢を示せば，他の子どもにも授業は大切なものだと伝わります。結果として，子どもたちが真剣に授業に取り組みます。

- ケンカをしていても，すぐに授業に取り組もう！
- 授業後に，しっかり話を聞いてあげよう！

時にはスルーすることも大事

✅ プラス！ワンポイント

　授業開始時にケンカをしていたにもかかわらず，多くの子どもは授業が終わると，何もなかったかのような表情をしています。「何があったの？」と尋ねても，「自分も悪いところがありました。もう大丈夫です」と終わることもあります。しかし，いじめなどの重要な問題は，授業を止めてでも指導する必要があるでしょう。

参考文献：中村健一著（2015年）『策略―ブラック学級づくり』明治図書（pp.156-160）

（徳本直也）

授業についていけない子への支援は

あるある！困った！こんな場面

　授業で課題に取り組む時間になると，Ａ君はキョロキョロ周囲の子の様子を見て，なんとか真似をしているような感じです。Ａ君のノートを見ると，やはり自分の考えを書けていません。授業についていけないようです。

これで解決！指導のポイント

▶教師の説明を見直す

　教師の説明がＡ君に“入っていない”ことが予想されます。説明の仕方を見直しましょう。授業の目標，何をどのように学習するのか，具体例を交えて説明します。例えば算数の授業で「計算の仕方を考える」ことが目標で，「絵や図を使って問題を解く」のが学習活動なら，教師が黒板に絵や図を実際にかき，問題に取り組む様子を実演して，子どもたちに具体的なイメージをもたせます。説明の際は，「実演」のように具体例を用意しましょう。

▶机間指導で支援する

　課題に取り組む時間の机間指導では，すべての子の様子を見るのですが，はじめとおわりに必ずＡ君の近くを通ります。はじめは教師の説明がＡ君に理解されているかの確認です。分かっていないようなら，簡潔にもう一度説明をします。おわりはＡ君を「おお！絵や図をかいているね！」と褒めます。また，机間指導をしている中で，Ａ君の参考になる考えを紹介します。「なるほど！Ｂ君はドーナツの絵をこんなにたくさんかいたんだね！」

> ●具体例を交えた説明・机間指導で子どもたちの学習を支援しよう！

困っている子への支援は，周りの子にも有効

✅ こうなるまえの！予防策

　教材研究をする際，要支援の子がどこでつまずきやすいかをあらかじめ把握しておきます。そしてその子が「できる・分かる」ようにするためには，どのような手立てが必要かを考え，準備しておくようにします。ただし，子どもの実態にもよりますが，一朝一夕ではいかないことが多いです。その子の成長を願い，粘り強く挑戦を積み重ねていきましょう。

参考文献：堀裕嗣著（2012年）『一斉授業10の原理・100の原則』学事出版　　　　（高橋正明）

テストの点数が全国平均を下回る

あるある！困った！こんな場面

それなりに授業も流れ，子どもたちも落ち着いて学習しているように見えていたので「よしよし！いい感じだな」と思っていたのですが，テストをしたら全国平均点を下回る子ばかりで，全然身についていませんでした。

これで解決！指導のポイント

前時までの学習内容を思い出す**「復習タイム」**を積極的に取り入れるようにしましょう。

やり方は簡単です。前時までの学習内容をクイズ形式で出題するのです。例えば理科なら，授業冒頭の3分間くらいを使って「この前使用した実験器具の名前は何と言ったかな？」とか「燃えるのに必要な物質は何だったかな？」などとクイズを出していくだけです。

子どもは一度や二度指導したくらいでは学習内容を身につけることはできません。何度も何度も繰り返し学習することによって身につくことが多いです。学習が苦手な子ほど，このような傾向が強いものです。指導書通りに授業を流していき，いきなりテストをするのでは，単元のはじめの方の学習内容は忘れてしまっていても当然と言えます。

子どもは「忘れる」もの。このことを頭に置き，学習内容を繰り返し想起させながら身につけられるようにしていきましょう。

- 一度指導したからといって身につくとは限らない。
- 「復習タイム」などを活用し，繰り返し思い出させること！

繰り返し根気強く身につけさせよう

こうなるまえの！予防策

「主体的・対話的で深い学び」が求められる昨今ですが，いくら授業が盛り上がっても市販テストくらいできなくては話になりません。テストでどのような問題が出るのかを把握しておくようにしましょう。それを頭に入れて指導していくようにすると，極端に低い点をとってしまう子が減ります。

（土居正博）

そもそも教材研究は何をすればいいのか

あるある！困った！こんな場面

先輩からも管理職からも「しっかり教材研究をするんだよ！」と助言されますが，そもそも「教材研究」が何なのか，何をすればいいのか分かりません。

これで解決！指導のポイント

まずは，「教材研究」とは何なのかを知りましょう。教材研究とは，扱う題材そのものを検討する「素材研究」，子どもがそれを学習するときどのような反応をするのかを検討する「学習者研究」，子どもたちと題材とを結びつける手立てを検討する「指導法研究」の３つを総合した概念のことです。

どれも大切ですが，**初任者など若手がまずすべきなのは「素材研究」**です。国語科の物語の指導であれば，物語を教師自身が読み解釈することです。体育の跳び箱運動であれば，教師自身がその運動をやってみることです。その中で必ず自分なりの気づきがあるはずです。その自分なりの気づきをたくさんもったうえで授業に臨むようにするのです。必ず授業が変わります。

「素材研究」の後は「指導法研究」をするとよいでしょう。どのような指導法があるのか先行実践を調べるようにしましょう。そして，最後に「学習者研究」です。クラスの子どもたちの実態に合わせて，これまでしてきた「素材研究」と「指導法研究」を取捨選択して指導プランを固めます。

- ●「教材研究」とは何かを知ろう！
- ●まずは「素材研究」に取り組むべし！

若手はまず，「素材研究」から

参考文献：田近洵一・井上尚美編（2009年）『国語教育指導用語辞典　第四版』教育出版（pp.174-175)

（土居正博）

学級経営編

クラス運営は若手教師最大の悩みどころ。

安心できる学級であればこそ,

子どもたちは伸びていきます。

紹介しているのは,あなたのクラスでも

起きるかもしれない事例です。

「学級経営」って，具体的に何を指すの？

あるある！困った！こんな場面

「学級経営が大切！」といった具合に，「学級経営」って言葉はよく聞きますが，それが何を意味しているのか，はっきりと分かりません…。

これで解決！対応のポイント

「学級経営」は「学級経営における指導の総体」を意味します。すなわち，**クラスでの活動はすべて「学級経営」です**。授業，朝の会や帰りの会，給食や掃除などの当番活動，休み時間でのクラス遊びなど，すべてです。

学級経営には3つの領域があるとされます。1つ目は「必然的領域」です。人権問題に対する教師の毅然とした態度が求められる領域です。すなわち，子どもたちが互いに尊重し合い，自己と他者の心と体を守る態度を育むことが目的とされます。「必然的領域」が整っていないと，子どもたちの安心感が奪われ，学級崩壊につながってしまいます。2つ目は「計画的領域」です。教師による計画的な指導や援助を通して，子どもたちの学習や生活での決まり事の習慣化を図ります。授業での学習の取り組み方，宿題の提出，日直の仕事，掃除当番の仕組みなど，学級でのあらゆる活動のルールをあらかじめ決めておくとよいです。3つ目は「偶発的領域」です。子どもの自主的実践的活動を励まし，子どもたちによる学級文化の創造（自律や自治）を促します。1年を通して，どのような子どもに育ってほしいのかという，教師のねがい（教育観）が土台となります。

●学校でのすべての教育活動が，子どもと学級を育てると心得よう！

教師の観が，学級経営には表れる

✅ プラス！ワンポイント

　「学級経営」は学級での教育活動のすべてですから，クラスの雰囲気，子どもたちの様子は，教師一人一人の教育観（教育への見方・考え方）が如実に表れます。学級がスタートする前に，先輩教員が学級経営で大事にしているポイントを聞いたり，空き時間に各クラスの様子を見に行ったりすることは，自身の学級経営を構想するのに役に立ちます。

参考文献：白松賢著（2017年）『学級経営の教科書』東洋館出版社　　　　　（高橋正明）

4月の新年度に向けての
具体的な準備とは

あるある！困った！こんな場面

　他の先生たちは新しい学年の開始に向けて準備に忙しそう。自分は何をすればよいか分からず，ほとんど準備もできていないまま始業式に……。

これで解決！対応のポイント

　新学期開始までの準備，そして最初の1か月をいかに充実させるかで，1年間の学級経営が決まります。名簿作成，教室掲示，教材選定，宿題の出し方等，決めるべきことがたくさんありますが，新学年で準備するものは毎年ほぼ同じです。まずは，**必要な内容をデータで記録し，毎年更新していく**とよいです。

　また，昨年度担任と**子ども同士の交友関係や様々な配慮の有無，保護者の様子等，引き継ぎを確実に**行っておきましょう。

　次に，担任発表の挨拶，最初の出会いでの語り，学級経営方針等，過去のものを参考に，今年受け持つクラスや児童の実態に合わせて**台本を作成し，何度も練習**しておきます。その場の思いつきで話すのは避けましょう。

　あわせて，1日の流れやすることを細かく記したスケジュール表があると，配付物の配付・回収，連絡の伝達ミス等が防げるので，作成しておくのがおすすめです。

- ●過去のデータを更新しつつ，万全な用意をして新学年を迎えよう！
- ●教師の語り用の台本を用意しておこう！

準備不足は，恥ずかしい

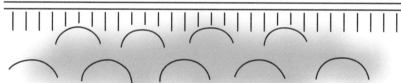 プラス！ワンポイント

　過去のデータがないようでしたら，この時期大型書店に行くと「春の教育書フェア」が開催されているので，そこで学級開き関連の書籍を購入しましょう。採択されている教科書も教師用に持っておくと，書き込みや教材研究の際，とても重宝します。

（石澤　智）

「学級開き」では何をすればいいの？

あるある！困った！こんな場面

　待ちに待った始業式，新しいクラスのスタート。よく「はじめが肝心」「黄金の３日間」なんて言われますが，「学級開き」で何をしたらよいのでしょうか。

これで解決！指導のポイント

　「学級開き」は，子どもたちからすれば，新しいクラスのスタートであり，新しい先生との出会いの場です。子どもたちが「楽しい１年になりそうだな」と思い，希望をもてるような時間をつくりたいものです。

　子どもたちは新しい先生がどんな人なのか興味津々です。まず，自己紹介をして，自分のことを知ってもらいましょう。明るく，笑顔で語り，子どもたちが安心できるように心がけます。次に，１年間のビジョンを語ります。例えば，子どもたちがどのような人へと成長し，クラスがどのような集団になってほしいのか，いわゆる「教師のねがい」です。ビジョンを語ると，希望を抱かせ，成長への意欲をもたせることができるでしょう。そして，学級経営の必然的領域（48ページ参照），すなわち人権問題の対処について語ります。例えば「友達の心や体を傷つけることは，私は絶対に許さない」といった具合に，一貫して毅然とした指導をすることを明言します。こうすることで，ある程度の問題行動を抑止できるでしょう。最後に大切なことは，ここで語ったことを１年間やり続ける覚悟をもつことです。

> ● 明るく，笑顔で「教師のねがい」を語り，ともに希望をもとう！

出会いが肝心，子どもの心をつかもう

今年1年，一緒に楽しい
クラスをつくっていこう！

✅ プラス！ワンポイント

「学級経営案」を書くことをおすすめします。ここには，「教師のねがい」（1年を通じて，子どもがどのような人へと成長し，クラスがどのような集団になってほしいのか），「人権問題への対処」を明記しておきます。書くことで意識化され，教師の指導のブレを防ぐことができます。教師がブレると，学級崩壊につながるので注意が必要です。

（高橋正明）

子どもたちになめられない
ようにするためには

あるある！困った！こんな場面

　子どもたちになめられそうな気がします。クラスとしてまとまるために，どのようなことを意識して取り組むとよいのでしょうか。

これで解決！指導のポイント

　学級のルールを明確に決めて伝えましょう。同じことをしても対応が異なると，試し行動や不満が募ります。一貫した指導を心がけましょう。そのために，**先生が叱るのはどんなときかを明確に示す**とよいでしょう。多くても短い言葉で３つ程度（１．頑張る人を馬鹿にしたとき／２．嘘をついたとき／３．人に迷惑をかけたり傷つけたりしたときなど）がよいです。

　ルールの内容を考えるときに大切なのは，①１年間を通してどんな子どもたちになってほしいのか理想の姿を思い浮かべること，②命や学級全体に関わることについて考えること，です。

　①は，先生が許さないのはどんなときか，なぜ許さない（叱る）のか伝える際の理由となります。また，どう育ってほしいのかあわせて伝えることもできます。②は，学級という集団で生活していく中で，子どもたちが学ぶ「関わり合い」において大切なことです。何よりも命が大切であること，どんな理由があってもいじめは絶対に許さないことを明確に示しましょう。

> ●先生が叱るのはどんなときかを明確に示そう！
> ●その背景にある思いも語ろう！

真剣に向き合おう

1. 頑張る人を馬鹿にしたとき
2. 嘘をついたとき
3. 人に迷惑をかけたり
   傷つけたりしたとき

は，先生は叱るよ。

参考文献：野口芳宏著（2015年）『名著復刻　学級づくりで鍛える』明治図書（pp.106-109）

（小川志穂）

授業に遅れてくるなど，時間を守らない子には

あるある！困った！こんな場面

クラスに時間を守れない子が多くいます。休み時間明けの授業ではいつも数人遅れてきます。毎回注意するのですが，遅刻を繰り返してしまいます。

これで解決！指導のポイント

遅れてくる子を待つのをやめてみましょう。授業開始時刻になったらサッと授業を始めてしまうのです。

まず考えるべきは，準備をして待っている子たちが損をしないようにすることです。そのために，開始時刻になったらすぐに授業を始めてしまいます。遅れてくる子は，「待ってもらえるだろう」と思っているから何度も遅れてくるのです。チャイムと同時に始めてしまうようにすれば，遅れてきた子も「次からは遅れないようにしないと」と思うようになります。また，遅れてきた子には必ず「すみません。○○をしていて遅れてしまいました」などと，一言言わせてから席に座らせるようにします。特別な事情がある場合もあり，そのような子とただ遊んでいた子と一緒くたにしないようにするためです。

そして，教師は「遅れた2分間は次の休み時間に勉強してもらいます」と伝え，その通り実行させます。厳しく怒鳴る必要などありません。遅れると自分が損をするようなシステムにするのです。

- まずはしっかり準備している子を優先して授業を始めてしまおう！
- 遅れると自分が損をするシステムにしてしまおう！

きちんと準備している子に損をさせない

✅ こうなるまえの！予防策

　低学年などの場合，遊びに夢中になって時計を見ていなかったり，帰ってくるのにかかる時間を計算できなかったりして，どうしても時間を「守れない」子がいます。そのような場合はどうしたら時間を守れるかを考えさせ，場合によっては教師も一緒に考えてあげましょう。

（土居正博）

言葉遣いが乱暴な子には

あるある！困った！こんな場面

　クラスに言葉遣いの悪い子どもがいます。友達に対して乱暴な言葉遣いをして困っています。注意してもなかなか直りません。

これで解決！指導のポイント

　このような子どもの場合，1回の指導で直ると思わずに粘り強く指導を続ける必要があります。

　まずは，乱暴な言葉遣いをする子どもが，「自分の言葉遣いが悪い」という自覚があるのかどうかを確認します。次に，乱暴な言葉遣いをされた友達がどんな気持ちになるのかを考えさせます。おそらく，自覚がない子どもは何も感じません。**「乱暴な言葉遣いは，友達を傷つける」ということを教えることが必要です。**ただ，その子どもが，そのような言葉遣いをするのはなぜか，子どもの家庭環境にも目を向けることも忘れてはいけません。

　また，クラス全体で言葉遣いについて考えさせる場を設けるのも大切です。実際の法律に当てはめても，「乱暴な言葉遣いをすることが社会的にもよくない」ということを確認することが大事です。子ども同士が軽い気持ちで乱暴な言葉を発する場面が見かけられますが，社会に出ると罰を受ける場合もあることを教えます。この機会に言葉遣いについて学級で考えたいものです。

- 本人が，言葉遣いが悪いことを自覚できるように繰り返し指導をしよう！
- 暴言は，社会的にもよくないことをクラス全体で確認しよう！

優しい言葉遣いができるようになるまで何度でも

この言葉遣いをすると、
友達はどう思うかな？

バカ！ コノヤロウ！

✔ こうなるまえの！予防策

　日頃から，気持ちが優しくなるような言葉に触れる機会をつくります。
そのためには，教師が学級の中でよい言葉遣いをしている子を全体で紹介
し，価値づけをします。子どもたちが，乱暴な言葉遣いをするよりも，よ
い言葉遣いをした方が「いいな」と思わせる体験を積ませましょう。

（花上和哉）

当番活動をサボる子には

黒板消し，ごみ捨てなどの当番活動をサボる子が多かったり，仕事をする子が真面目な子に偏っていたりして困っています。今のところ真面目な子たちは仕事に取り組んでくれていますが，不満がたまってきているようです。

これで解決！指導のポイント

当番活動と係活動とを区別し，当番活動を一人一人の役割と責任が分かりやすいように「一人一役システム」にしてみましょう。

まずは，当番活動と係活動とを区別します。当番活動は，「クラスで生活していくうえでなくてはならない仕事」です。黒板消しや配り，ごみ捨てなどがこれにあたります。一方，係活動は「学校生活をより楽しくするもの」です。遊び係やお笑い係などがこれにあたります。これらをごちゃまぜにすると，一方は毎日同じ仕事の繰り返しなのに対して，一方は楽しいことを気が向いたときにやればいいので不公平になってしまいます。

次に当番活動の工夫です。はじめは「一人一役システム」がおすすめです。「一人一役システム」とは，その名の通り，当番活動を細分化し，一人一役で仕事をこなしていくシステムのことです。例えば，「黒板当番」と一括りにするのではなく，「黒板一時間目」「黒板二時間目」……などと細分化するのです。そうすることで一人一人の役割と責任が明確になります。

- 当番活動と係活動を区別しよう！
- 当番活動は，「一人一役システム」がおすすめ！

責任の所在を明確にしよう

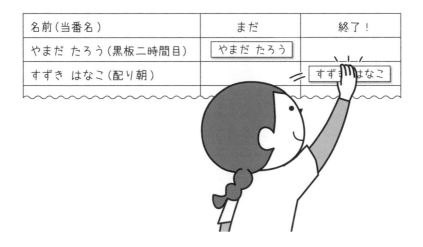

名前（当番名）	まだ	終了！
やまだ たろう（黒板二時間目）	やまだ たろう	
すずき はなこ（配り朝）		すずき はなこ

☑ こうなるまえの！予防策

　「一人一役システム」を導入するだけでなく，イラストのように「チェック体制」を整えるとよりシステムが円滑に動きます。一人一役当番表を教室の後ろの黒板などに掲示し，仕事を終えた子からネームプレートを移動するようにします。

参考文献：野中信行著（2011年）『新卒教師時代を生き抜く学級づくり3原則』明治図書

（土居正博）

給食のおかわりでケンカになる

あるある！困った！こんな場面

　給食のおかわりで取り合いになり，言い合いやケンカが起きてしまいます。楽しい給食の時間を過ごせずに困っています。

これで解決！指導のポイント

　まずは，**クラスのルールを決め，徹底しましょう**。学年や学級の実態に応じて，子どもと話し合って決めてもよいですが，教師がリードしましょう。今まで実践した例として以下のようなルールがあります。

- ・配膳中（配膳後），量を減らしたり増やしたり調整する時間を設ける。
- ・個数物はじゃんけん。ご飯・汁等は早いもの順。（他におかわりしたい人がいるか聞き，いた場合は盛る量を配慮する。）
- ・おかわりしてよい時間（おかわり開始時間）を決める。
- ・分けられるものは教師が等分しておく。
- ・おかわりの回数を決める。

　おかわりを通して，「自分さえよければいい」という自己中心的な考えではなく，周りのことを考えて行動する心を育むチャンスでもあります。譲り合ったり，他の人のことを考えて盛りつけられたりした子どもを価値づけるのも効果的です。

- ●学級のルールを決めて，徹底しよう！
- ●周りのことを考えて行動することの大切さを伝えよう！

おかわりの乱れは，学級崩壊の予兆

✅ こうなるまえの！予防策

　配膳後に減らしたり増やしたりする中で，すべて盛り切り，おかわりをなしにするという工夫もよいでしょう。配膳後，先に給食を減らしたい子どもがまず減らし，その後，増やしたい子どもで分けて取ることで，ごちそうさまの時間まで落ち着いて食べることができます。

（小川志穂）

63

給食の食器の片づけがぐちゃぐちゃ

あるある！困った！こんな場面

　給食後，食器がぐちゃぐちゃな状態を見て，「誰がやったの？」「なんでこんなことになっているの？」と教師がその場にいる子どもに聞きます。しかし，多くの子どもは，誰がやったのか分かりません。

これで解決！指導のポイント

　まずは，食器がぐちゃぐちゃになる背景について考えてみましょう。食器の中身を綺麗な状態にできない・食器をピッタリに重ねられないなど「当たり前のことができていない」，自分の食器だけ片づけている・他人のことは知らないなど「自分のことだけやっている」の２つのタイプが考えられます。どちらのタイプにも，改善すべき点があります。そのため，問題を逆手にとり，できていない点を自覚させるよう指導するとよいでしょう。

　まず，食器がぐちゃぐちゃの状態を全員で確認します。次に，「給食の配膳員さん」「給食当番」「この状態を見た人」などが嫌な気分になることを想像させます。さらに，原因として「当たり前のことができていない」「自分のことだけやっている」の２つのタイプがあることを伝え，自分はどちらなのか判断させます。前者の場合，ほとんど自覚がありません。そのため，給食後に食器の中身がないことを確認したかどうかを尋ねるとよいでしょう。後者の場合，クラスという広い視野で解決策を考えることを指導しましょう。

- 子どもにできていないことを自覚させよう！

"できていない"ことを自覚させる

 Check！

　給食のルールを教師から提案することがあります。しかし，いくらルールをつくったとしても，新たな課題が出ることがあります。今回は，あえて課題を顕在化し，できていないことを自覚させることで，給食のルールをつくることを目指しています。

（徳本直也）

男女の仲がイマイチよくない

あるある！困った！こんな場面

活動や遊びのときにいつも男子同士・女子同士でかたまってしまったり，男女のケンカが絶えなかったりします。

これで解決！指導のポイント

男女が接する機会を増やし，それが学級の当たり前となるようにしましょう。そのために次のような手立てがあります。

▶クラス遊び

週に1回，クラスみんなで遊ぶ日を決めます。そうすることで，コミュニケーションがとれて，話すきっかけになります。しかし，高学年にもなると男子の方が力が強くなります。また，仲のよい子だけで集まらないよう，男女が協力し合うルールをつくったり，ハンデをつけたりするとよいでしょう。

▶席の組み方をアレンジ

列を見たときに男女が交互になるように席を決めます。このようにすることで，プリントの受け渡しなどは自動的に男→女→男の順番になったり，同性で話そうと後ろを振り向くときには，必ず間に異性が入ったりするので会話に入りやすくなります。座席配置で，学習で異性と関わらざるを得ない状況をつくり出してみましょう。席替えの際は，男女がどこに座るのかを先生が決めておきます。その中で，子どもたちがどこに座るかは，くじ引きで決めたり，自分たちで決めさせたりしてもいいでしょう。

> ● 男女が接する機会・状況を意図的につくり出そう！

男女の仲は，意図的につなぐべし

（東川博規）

もの隠しが起きた

あるある！困った！こんな場面

　クラスの子から「くつがない。ちゃんとしまっておいたのに…」と, 相談を受けました。もの隠しへの対応はどうしたらいいでしょうか。

これで解決！指導のポイント

　教師が焦らないことが大切です。教師が焦っていると, その不安は子どもにも伝わってしまいます。落ち着いて,「お友達のものがなくなったから, みんなでさがそう」と伝えて, **クラス全員でさがしましょう。**（隠した子が見つける可能性が高いため, さがしている子どもの動きに目を配りましょう。）

　全体には, なくなった原因として考えられる以下のようなことを話します。

　①持ち主が置き忘れていた。②たまたま落ちて, 違う場所にいってしまった。③誰かが隠した。…子どもの様子などから③の可能性が高いと感じたら,「このクラスにそんなことをする人はいないと思うけど」と前置きを強調して, 人のものを隠すことは絶対にしてはいけないと, はっきりと伝えましょう。

　ものがなくなった子どもや, その保護者へのフォローも忘れてはいけません。特に, 保護者はとても心配します。電話で事実を伝えるとともに, 安心感を与える声かけが大切です。学年主任と管理職にも必ず伝えましょう。

- 焦らないで, まずはクラス全員でさがそう！
- ものがなくなった子どもへの声かけ, 保護者への連絡も忘れずに！

いじめの前兆かも…という目で注視する

✔ プラス！ワンポイント

　教室が綺麗に整頓されているクラスは，ものがなくなったときでもさがしやすいでしょう。自分の持ちものに記名がしてあれば，見つけた人が届けてくれるでしょう。このように，たとえものがなくなっても，見つけやすい環境をつくることが大切です。

（長田柊香）

意地悪な子には

あるある！困った！こんな場面

　友達に意地悪する子がいます。本人は意地悪なことをしているという自覚がないように見えるので，どのように指導をしたらいいのか困っています。

これで解決！指導のポイント

　大切なのは，教師が悪者扱いをしたり，意地悪な子と決めつけたりしないことです。このような場合は，**ロールプレイング**が有効です。例えば，Ａさんとと Ｂさんが，Ｃさんを仲間外れにしたとします。その場面を，当事者ではない何人かの子どもに演技してもらいます。ロールプレイが終わった後に，「どう思った？」と，子どもたちに聞きます。（可能であれば，Ａさん・Ｂさんにも聞いてみましょう。）おそらく「意地悪だと思う」といった答えが返ってくるでしょう。すかさず，「その通りだね。でも，残念ながらそういうことをしている人がいます。その人は，もう分かっていると思うので，これからどう変わるのか見ていきたいと思います」と伝えます。

　直接叱ると，叱られた子どもはショックを受けて，さらにエスカレートしてしまうかもしれません。**クラス全体に指導しながらも，個人に伝えているという姿勢**をもって，子ども自身が自覚できるようにしましょう。

- ●ロールプレイングして，客観的に考えさせよう！
- ●クラス全員に言いながら，しっかりその子の目を見て伝えよう！

個への指導は，全体指導に織り込んで

✅ プラス！ワンポイント

　意地悪された子どもの中には，意地悪をされてもなお，その子どもと一緒に居続けようとする子もいます。嫌な思いをするのであれば，意地悪をしてくる子としばらく距離を置くといった方法を提案してあげるのも，その子を救う手段の一つになるでしょう。

参考文献：丸山隆・八島禎宏著（2006年）『演じることで気づきが生まれるロールプレイング（教師のためのカウンセリング技法シリーズ）』学事出版

（長田柊香）

何度注意してもすぐに
手を出してしまう子には

あるある！困った！こんな場面

　小さな出来事でも嫌なことや思い通りにならないことがあると，すぐに手を出す子がいます。何度注意してもなくならず，いつも叱ってばかりです。

これで解決！指導のポイント

　「暴力はどんな理由があっても許さない」という姿勢を貫きます。「暴力をしてしまった時点で，どんな理由があっても悪い」とはっきりと指導しましょう。（高学年であれば，大人になって暴力をふるってしまうとどうなるのか，法律の話を交えて話してもよいかもしれません。）そのうえで，暴力の背景には理由があることを理解し，聞き取ります。「意見の食い違いでイライラしてしまった」等，必ず理由があります。子どもによっては説明するのが難しいこともあります。「伝えたかった気持ちは何だったのかな？」と問い，気持ちを整理したり言葉にしたりする練習をさせましょう。

　その場で暴力をふるってしまった相手に**言葉で伝え直させる**ことも有効です。暴力以外の伝え方を一緒に考えましょう。気持ちのコントロールが難しい子どもに対しては，怒り度合いを数値やイラストにして視覚化したり，怒り度合いに応じたクールダウンの方法を一緒に考えたりしましょう。少しずつ自分で気づいて我慢できるようになったら，見逃さず大いに褒めましょう。

- ●暴力はどんな理由があっても絶対に許さないという姿勢を貫こう！
- ●伝えたかった気持ちを一緒に言葉にし，暴力以外の伝え方を考えよう！

暴力，ダメ！絶対！！

暴力はいけません。

伝えたかった気持ちは
なんだったのかな？

えーっと…

✅ こうなるまえの！予防策

　学級で暴力は何があっても絶対にしてはいけないという指導を繰り返し行いましょう。どうしても手が出てしまう子どもに対しては，イライラしたときの対処法（手をグーにして力を入れる，6秒間深呼吸をする等）を一緒に考え，約束しておくのも有効的です。

（小川志穂）

3

子どもとの関わり編

学級経営においても授業づくりにおいても，

子どもとうまくつながることは

何よりの基本です。

一人一人と向き合い，自立した学び手を

育てる指導を心がけましょう。

子どもとどのような距離感で
接したらよいか分からない

あるある！困った！こんな場面

　子どもがなれなれしくしてきます。嫌われたくないので、そのままにして
いますが、「先生と子ども」という感じがありません。

これで解決！指導のポイント

　授業と休み時間の区別をつけることが大切です。 子どもたちとの関係性が
できてくると、どこか友達のようなやりとりをすることもあります。若手の
先生は、子どもたちの人気の的ですから、それはそれで悪いことではありま
せん。だからといって、嫌われたくないからと何でも子どもたちのすること
を許していると、取り返しのつかないことになってしまいます。

　若手の先生の場合、きちんと「先生」と「子ども」という線引きをしない
と、関係は崩れていきます。そのために、授業中は敬語をきちんと使わせま
す。また、教師が子どもの名前を呼ぶときは、「～さん」と敬称をつけて呼
びます。子どもたちが授業中も授業時間外と同じような態度をとるようでし
たら、「今は授業中です」と割り切って指導をします。そうすることで、子
どもたちも「この先生は、授業は授業、休み時間は休み時間と区別するんだ
な」と思い、授業と休み時間を区別することができるようになります。

　授業は授業、休み時間は休み時間と区別をつけ、若手である強みを生かし
た子どもたちとの関わりをしていきましょう。

● 授業と休み時間の区別をしっかりつけよう！

「先生」と「子ども」の線引きを明確に

✔ こうなるまえの！予防策

　子どもたちと出会った最初が肝心です。子どもは，この先生はどの程度まで許してくれるのか試す行動をしてきます。なれなれしく話してきた場合は，言い直させるなど，きちんとした言葉遣いで話すことを最初に指導しましょう。

（花上和哉）

子ども同士のトラブル

あるある！困った！こんな場面

「先生！Ａ君が悪口を言ってきました！」「ぼくは言ってない！」「Ｂさんが約束をやぶったんです」「わたし，そんなの知らない！」など，子ども同士のトラブルが発生したとき，どのように対処したらよいのか分かりません。

これで解決！指導のポイント

子ども同士のトラブルが発生したら，次のような手順で対処します。

①感情的にならずに，当事者の話を聴き，事実を確認する。

②確認した事実をもとに，それぞれの気持ちを語らせる。

③今回の出来事を振り返らせ，同様のトラブル発生を防ぐ。

よくない報告を聞くと，つい感情的に「Ａ君！悪口を言ったの？」と指導に入ってしまいがちです。決めつけは事実誤認につながり，子どもの信頼を失いかねません。まず「いつ・どこで・だれが・何をしたのか」など，事実を把握します。次に双方の気持ちを語らせ，友達が不快な思いをしたことを自覚させて「今後，どうしたいのか」を尋ね，解決したい気持ちを確認します。大抵，ここで「ごめんね」という言葉を引き出せるでしょう。最後に今回の出来事を振り返らせ，トラブル発生を防ぐためにどのような行動が必要かを確認させます。子どもから出てこなかった場合は，教師が「私は…だと思う」のようにアイメッセージで伝えるとよいです。

● まずはじっくり子どもの話を聴いて事実を確認しよう！

双方の心に寄り添うことが何より大切

いつ・どこで・だれが・何をしたのか

☑ こうなるまえの！予防策

　子どもの訴えで多いのは「悪口を言われた」「叩かれた」などの心理的・身体的ダメージを受けたというものです。これは人権問題につながっています。学級開きの際に，「友達の心や体を傷つけることは許さない」という教師の姿勢を伝えておくことで，少なからず，子どもたちに人権の意識をもたせることができ，トラブル発生を抑えることができます。

（高橋正明）

自分から話さない子には

　学級の中に，１日の中でもほとんど話すことがなく，話しかけてもあまり反応してくれない子どもがいます。

これで解決！指導のポイント

　学級には，自分からコミュニケーションをとってくる子どももいれば，あまり自分を外に出さない子どももいます。いろいろな子がいるのは当然のことです。

　後者のような子には，教師として何かしてあげようといろいろなことを考えてしまいがちですが，あまり関わりすぎてしまうと逆にしつこいと嫌われてしまうこともあります。ここは，**肩の力を抜いて，笑顔で挨拶をするところから始め，こちらから簡単なことを声をかけ続けましょう。**

　また，本人の興味・関心のあることを見つけた場合は，その話題で話すのも効果的です。特に日記や作文などには，その子ならではの話題が登場するので必見です。

　学校では全く話さない子どもでも，家では家族に対してたくさん話している場合もあります。保護者との面談や電話連絡の際に，家での普段の様子やどんな話題で話しているのかなどを聞いておくと，さらに対応の幅が広がることと思います。

- まずは笑顔で挨拶することから。小さなことでも声をかけ続けよう！
- その子が喜ぶ話題を探していこう！

「君のこと，見てるよ」とメッセージを出し続けよう

先生もその本
好きだよ！

✔✔ Check！

　どんな子どもでも，褒められることはうれしいものです。たとえその場ではそっけない態度をとっていたとしても，家に帰ると大喜びで両親に報告するのが子どもです。教師側が，どんな子どもに対しても素敵なところを見つける努力を怠らないようにしたいものです。

参考文献：赤坂真二著（2011年）『「気になる子」のいるクラスがまとまる方法！』学陽書房（pp.88-89）

（穐山直人）

どうしても整理整頓ができない子には

あるある！困った！こんな場面

　整理整頓が苦手な子がいます。机の中やロッカーがぐちゃぐちゃなので，授業の準備が遅く，他の子どもにまで迷惑がかかってしまいます。

これで解決！指導のポイント

　週のどこかに，**全員で整理整頓の時間**を設けましょう。「金曜日の帰りの会の前」のように毎週決まったときに行ってもいいですし，空いた時間などを使って不定期に行ってもよいでしょう。その時間は，整理整頓が苦手な子だけが取り組むのではなく，クラス全員で取り組みます。早く終わった子には困っている子のお手伝いをさせると，クラスに助け合いの土壌が培われます。

　また，整理整頓が苦手な子が，自分で片づけられるようになるための手立ても必要です。例えば，片づけが得意な子にどのような工夫をしているかなどのインタビューをします。大抵片づけが得意な子は，どこに何を置くのか決めていることが多いので，そのような**工夫を共有**することで，苦手な子も真似しやすくなるでしょう。

　片づけが苦手な子が，自分で片づけられるようになると同時に，クラス全体の整理整頓への意識が高まるように指導していきましょう。

- クラス全員で整理をする時間を定期的に設けよう！
- 上手にできている子どもの工夫を共有しよう！

みんなでやれば整理整頓も楽しい！

✅ プラス！ワンポイント

　整理整頓を楽しくできるようになるために，整理整頓のグッズを取り入れてみることもおすすめです。色分けされたファイルやブックスタンドなど，100円ショップで購入できるようなものもたくさんあります。学年の先生に相談して，子どもたちに合った方法を考えましょう。

（長田柊香）

宿題をやってこない子には

あるある！困った！こんな場面

　宿題をチェックしていると，特定の子どもがやっていないことに気づきます。個別に指導すると，宿題をすると約束したのですが，翌日の宿題も忘れてしまいます。

これで解決！指導のポイント

　まずは，宿題を継続してやり続けるには，時間がかかることを理解しましょう。宿題をやってこない子どもは，昨年度もやっていない可能性があります。その場合，宿題をする習慣が身についていません。あることを習慣化するには，繰り返し指導し続ける必要があります。

　そのうえで，個人に応じて原因を探りましょう。例えば，「何をするのか分からない・家で宿題をできない・習い事をしているためできない」などの原因が考えられます。

　そして，原因に応じた対策を子どもと共有し，今後の行動を指導しましょう。例えば，「何をするのか分からない」ことが原因の場合，宿題を書いた連絡帳をチェックし下校させます。さらに，連絡帳を家で確認したのか，宿題に取り組めたのかを翌日にチェックします。このように，個人の原因に応じた対策を繰り返し指導する必要があります。

- 原因と対策を共有しよう！
- 繰り返し指導しよう！

個々の原因に応じた指導を繰り返す

☑ プラス！ワンポイント

　どうしても宿題ができない場合，休憩時間や放課後に宿題を行わせる必要があるでしょう。しかし，宿題が作業のようになっている・難易度が高すぎる場合があります。その場合，宿題のよさを感じさせる・方法を理解させるなどの指導も必要です。

（徳本直也）

やんちゃ君に振り回されてしまう

あるある！困った！こんな場面

　クラスの中の気になるやんちゃ君，その子の行動に注意ばかりしていたら，やんちゃ君の心も離れ，クラスも落ち着かなくなってしまいました。

これで解決！指導のポイント

　クラスにいる気になる子の発言や行動が気になり，つい指導する機会が多くなりがちです。しかし，大切なのはその子を嫌いにならないことです。その子にとって担任の先生が，**いい意味での「気になる人」になり，心をつかまないと指導の効果が上がりません。**

▶休み時間は一緒に遊ぶ

　子どもは遊ぶことが大好きです。一緒に遊んでくれる先生も大好きです。学級で叱ってしまったやんちゃ君も，遊びでつながっていれば心が離れません。休み時間は積極的に子どもとつながることを意識しましょう。

▶叱る場面を減らし，褒める場面を増やす

　叱られる場面が多いやんちゃ君，「返事がよかった」「友達に優しく接していた」等，教師がよいところを見つけようと意識して褒めましょう。そうすることで，クラスの他の子どもたちの見方が変わるとともに，本人の承認欲求も満たされ，行動の変容へとつながっていきます。

- 休み時間の遊びを通して子どもとつながろう！
- 褒める指導でやんちゃ君を認めてあげよう！

やんちゃ君は，心をつかめばこっちのもの

☑ プラス！ワンポイント

　クラスのやんちゃ君は，友達から一目置かれている場合が多い気がします。やんちゃ君の心をつかむことで，学級経営がより安定し，楽しくなります。

　要所を押さえることはとても大切です。決して心が離れないように。

（石澤　智）

何をするにしても「〜していいですか？」と聞いてくる子には

あるある！困った！こんな場面

　「トイレに行っていいですか？」「本を読んでもいいですか？」と頻繁に聞いてくる子がいます。やりとりをしているときりがありません。同じようなことを聞いてくる子が続くこともあります。

これで解決！指導のポイント

　子どもたちは，普段から自分で考えて動く癖をつけなくてはなりません。「〜していいですか？」にいちいち対応していると，いちいち聞かないと行動できない子どもに育ってしまいます。そのように聞いてくる子の中には，自分の行動に自信をもてない心配性な子もいます。

　自分で考えて行動させるためにも，「○○していいですか？」と聞かれたときには，「そういうときは，『〜したいので，〜します』と言うんだよ」と教えてあげます。そうすることで，時と場合を考えて物を言うようになります。それを繰り返すことで自然とできるようになります。

　また，心配性な子のためにも学級のルールをきちんと決めておきましょう。学級内でのルールが決まっていれば，「○○のときは△△」というように見通しがもてるため，心配性な子も安心できます。

　「どうしたらいいか」を考えさせつつ，自分で考えて行動する癖をつけさせましょう。

- 「〜したいので，〜します」という言い方をできるようにさせよう！
- 学級内でルールを決め，次の行動への見通しをもたせよう！

自立した子どもを育てる第一歩

✅ こうなるまえの！予防策

　学級のルールがなぜそうなっているのか，子どもたちと理由を共有しておきましょう。なぜそのようなルールがあるのかを考えてルールを守るのと，何も考えずにルールを守るのでは，意識の差が生まれます。理由を共有することで，子どもたちのルールを守る意識が明確化します。

（花上和哉）

自分の非を認められない子には

あるある！困った！こんな場面

　複数の子どもが「○○に叩かれた」と言っているにもかかわらず，「やっていない」と，自分がしてしまったことを認められない子がいます。

これで解決！指導のポイント

　大事なことは，その子を悪者扱いしたり勝手に決めつけたりしないことです。決めつけられた子どもは心を閉ざし，さらに認められなくなるでしょう。

　まずは，周りで見ていた子や，被害を受けたと言っている子どもに状況を聞いて**全容をつかみましょう**。そして，その情報を念頭に置きながら，その子と一対一で話を聞きましょう。「何かあった？」と聞くと，大抵自分がされて嫌だったことを話します。そこで，「それは嫌だったね」と共感したうえで，「もしかして○○さんも何かしちゃった？」と聞くと，素直に話してくれることが多いです。手を出してしまったことには理由があるはずなので，受け止めたうえで，相手を傷つけてはいけないことを伝えましょう。

　このように，**教師が味方である姿勢をもちながらも，いけないことはいけないと指導していく**ことが大切です。

　●悪者扱いをしないで，味方になって話を聞こう！

　●人を傷つけてはいけない理由をしっかり伝えよう！

共感しつつ，指導は忘れずに！

何かあった？
もしかして○○さんも
何かしちゃった？

（長田柊香）

こだわりの強い子には

　クラスにこだわりの強い子がいます。電車がとにかく大好きで，ずっと電車の路線図を描いています。他人にはあまり興味を示さず自分から関わろうとしないため，休み時間もずっと１人で過ごしていて心配です。

これで解決！指導のポイント

　教師自身がその子のありのままを認めるようにしましょう。そして，その子のよさを他の子に伝えていくようにします。自分が興味をもったことだけに熱中し，他者には無関心という傾向をもつ子はクラスに１人はいます。休み時間等も１人で過ごしていることも多いでしょう。しかし，元々他者に関心が向きにくいので，孤立しているというよりは自分の好きなことをしているのです。このこと自体は，あまり気にせず本人の好きなようにさせてあげましょう。無理やり誰かと遊ばせてもかえってトラブルになるかもしれません。

　大切なことは，教師も「あの子はあまり他人に興味がないから」と距離を置かずに，その子をよく見て，よいところを見つけたり，その子が好きなことを関心をもって知り，話しかけたりすることです。「自分が好きなことを先生も知っているんだ！」となれば一気に距離が近づき，話してくれるはずです。そして，その子のおもしろさを周りの友達にも伝えていきましょう。

- 無理に友達と遊ばせなくてもよい！
- 教師がその子の好きなことに関心をもとう！

1人でいても認め合える学級づくり

✅ プラス！ワンポイント

「休み時間はみんなで遊ぶもの」「友達と一緒にいない子はかわいそう」
などという固定観念はいったん置いておいて，その子のありのままを見る
ようにしましょう。もし友達と関わりたいと思っているのであればつなげ
られるようにし，そうでなければそっとしておくのも立派な支援です。

参考文献：土居正博著（2018年）『初任者でもバリバリ活躍したい！教師のための心得』明治図書

（土居正博）

すぐに言いつけにくる子には

あるある！困った！こんな場面

　小さな出来事でもすぐに言いつけにくる子どもがいます。相談してくれるのはよいことですが，自分で解決する力を身につけさせたいです。

これで解決！指導のポイント

　まずは，**子どもの話に耳を傾け，そのまま受け止め**，「先生は何かあったら話を聞いてくれる」と信頼関係を築きます。しかし，先生が解決策を話したり，該当する子に注意したり，間に入って指導したりしていては，いつまでも自分で解決する力は身につきません。以下の手順で対応します。

嫌だと感じたことを相手に伝えたのか

 YES

 NO

どのように伝えたのか聞き，伝わる方法を一緒に考える

今から伝えられるか　⟹　伝えに行く場面を見守る

どうして伝えるのが難しいか聞き，一緒に伝える方法や言葉を考える

　問題点と解決策を子どもに考えさせることができるような手立てをとりましょう。また，学級全体の問題であればクラス全員で考えるのもよいです。

- 子どもの話に耳を傾けよう！
- 先生が解決せず，問題点と解決策を子どもに考えさせよう！

よく聞く＋解決等は考えさせる

それでどうしたら
いいと思う？
△△さんはどうしたい？

先生！
○○君がね…

☑ プラス！ワンポイント

　先生に何か対応（指導）してほしいのではなく，話を聞いてほしいだけの場合もあります。まず，どうしてほしいのか子どもの意思を聞くことも重要です。また，子どもから相談があった場合，「小さなこと」と教師が安易に判断するのは危険です。いじめに関わること等，状況によっては上記のような手順ではなく直接指導した方がよい場合もあります。その場に応じて子どもの話をよく聞き対応しましょう。

（小川志穂）

子どもから様々な要求が
出て対応しきれない

あるある！困った！こんな場面

「席替えがしたい」「生き物を飼いたい」など，子どもから「～したい」という要求があります。深く考えず了解した結果，次から次へと要求がきてパニックに陥ってしまいました。

これで解決！指導のポイント

まずは，子どもが主体的に行動していることを認めましょう。しかし，注意すべきことがあります。それは，「子どもが本気で考え要求しているとき」と，「思いつきで要求しているとき」があることです。

どちらの場合にせよ，提案書を書かせるとよいでしょう。提案書を作成するには，時間がかかります。そのため，「子どもが本気で考え要求しているとき」のみ，子どもたちは作成しようとします。

提案書は，6つの項目からできています。①やりたいこと②その理由③困ること④解決策⑤提案内容⑥今後の取り組み（いつ・何をするか）です。

その際，注意すべき点がいくつかあります。まず，②理由では，自分のためではなく，クラスのためになることを条件にしましょう。次に，③困ること（トラブルになりそうなこと）は，担任から具体的な場面を伝えましょう。さらに，困ることの「解決策」を具体的に考えさせます。最後に，クラス全員に提案させ，実行させます。

その結果，子どもの要求を，提案する力に変えることが可能になります。

> ● じっくり考えて提案書を書かせよう！

子どもの本気度をはかろう

提案書

①やりたいこと

②三つの理由

③困ること

④解決策

⑤提案内容

⑥今後の取り組み（いつ・何をするか）

月　日　氏名（　　　　　）

✅ Check！

　１つの提案書を書くには，１週間ほどの時間がかかります。多くの子どもは，友達と協力しながら，「理由・困ること・解決策」などを話し合い，書き上げます。提案書を書き終えたら，クラスに提案し実行します。一方で，反対する子どもには，新たな提案書を書かせるとよいでしょう。

参考文献：チャールズ・ピアス著，門倉正美ほか訳（2020年）『だれもが〈科学者〉になれる！－探究力を育む理科の授業－』新評論（pp.188-189）

（徳本直也）

保護者と離れられず，教室に行けない子には

あるある！困った！こんな場面

　年度はじめ，校門の前で泣き叫ぶ子。よく見るとうちのクラスの子です！てこでも動かない状態で，教師もお母さんもへとへとになりました…。

これで解決！指導のポイント

　NG なのは，「かわいそう」だと思って，保護者と別れるタイミングを逃してしまうことです。解決策はいたってシンプルです。事前に保護者と打ち合わせをしておいたうえで，チャイムと同時に，保護者に笑顔で「バイバイ」と言ってもらい，教師が手を引くなどして切り離してしまいます。**離れる「きっかけ」をつくる**のです。すると，ほとんどの場合，教室に着いて，朝の準備をしている頃には泣き止み，何事もなかったかのように過ごしています。

　低学年でよく見られるこの現象は，「母子分離不安」といい，主な原因は環境の変化に対する一時的な不安なのだそうです。新しい環境に慣れ，不安を取り除いてあげるためにも，まずは「きっかけ」を与えること。そして，「笑顔でバイバイ」など，決まった行動を繰り返すことで，お別れの「ルーティン」として定着させていくことが有効になってきます。

- チャイムと同時に「バイバイ」で，お別れのルーティンにしよう！
- 強制的にでも切り替える「きっかけ」を与えるべし！

「きっかけ」をつくってあげよう

✅ プラス！ワンポイント

　「家の門から出ることができない」という子もいました。入学したての1年生です。この場合でも先述した「母子分離不安」が要因の一つだと考え，スモールステップで支援しました。まずは，家まで迎えに行き，顔を見せて挨拶するところから始めます。慣れてきたところで，手を繋いで門を出てみます。その次の日から，1m，2m…と距離を少しずつ伸ばしていき，2週間後には，一緒に校門のところまで来ることができました。「きっかけ」を与えるという点は同じですが，その子の実態に合わせて，段階的に慣れさせていくことが必要です。

参考文献：黒川昭登著（1993年）『母とともに治す登校拒否─母子分離不安の治療研究─』岩崎学術
　　　　　出版社

（伊藤正憲）

保護者対応編

保護者とよい関係を築くためには

どのような手立てが有効なのでしょうか。

自分の"応援団"になってもらえるように

しっかり対応していきましょう。

保護者会で何を話したらよいのか
分からない

あるある！困った！こんな場面

　保護者会では，何をすればいいのか，何を話せばいいのか，毎回困っています。

これで解決！対応のポイント

　おすすめは，普段の子どもの様子の写真をスライドショーで紹介することです。これは，保護者に非常に喜ばれます。写真を準備する際には，クラスの子ども全員が写っていることを確認しましょう。

　また，「家での子どもの様子」「宿題について」などとテーマを立ててグループトークをすることもあります。教師は各グループに順番に参加するとよいでしょう。

　自分が話す項目は，先にノートにまとめておきます。端的に話すことを心がけましょう。質疑応答の時間をとると保護者も確認ができて効果的です。

　このようにして，自分が話す時間を減らす工夫をしていくことで，逆に保護者にとって喜ばれる保護者会になっていきます。日々の学校への理解と協力への感謝の言葉を伝えることも忘れずに行い，保護者の方々に「来てよかった」と思ってもらえる保護者会をつくっていきましょう。

- 写真を撮りためておいて，子どもの様子を紹介しよう！
- 自分が話す時間を減らそう！

日々の様子を見られると保護者は安心する

参考文献：小学館「教育技術」編集部編（2012年）『一年生担任の保護者会の教育技術』小学館

（穐山直人）

個人面談で何を話したらよいのか分からない

あるある！困った！こんな場面

　そろそろ個人面談。保護者を前にただでさえ緊張するのに，何をどのように話したらよいのか分からなくて困ってしまいます…。

これで解決！対応のポイント

　普段，保護者と対面して話をする機会はあまりないですから，緊張して当然です。実は，保護者の方も緊張していることが少なくありません。まずは，互いの緊張をほぐすために，子どもにまつわる話題を出しましょう。例えば「A君は電車が大好きなんですね。この前は，山手線の魅力について教えてくれましたよ。電車を好きになるきっかけはあったのでしょうか？」といった具合です。保護者からすれば，我が子の話題は答えやすいでしょうから，会話が弾むことでしょう。また，「先生はうちの子の好きなものを知っているんだ」と伝わり，信頼関係を築くことにもつながります。

　はじめの話題で緊張がほぐれたら，改めて来校してくださったことへの感謝を伝え，子どものよいところを中心に，学習の状況，学校生活の様子などを簡潔に話します。あらかじめ学年の先生方と相談し，何をどの順序で話すのか，メモを作っておくとよいです。一通り話をし終えたら，保護者からの話を聴き，応答します。明るく，笑顔で，丁寧な言葉遣いを心がけるとよいです。

●個人面談は保護者との信頼関係を築くチャンスです！明るく，笑顔で！

座る角度は90°，向かい合わないように

○○さんは…

✓ こうなるまえの！予防策

　個人面談が始まる少し前から，子どもたちの様子を意識して観察し，それぞれの子のよいところをメモするなどして，まとめておくとよいです。そうすると，保護者からの質問に自信をもって答えることができます。また，個人面談の時間は限られているので，何をどの順序でどれくらいの時間を目安に話をするのか，事前に計画を立てるとよいでしょう。

参考文献：赤坂真二編著（2017年）『保護者を味方にする教師の心得』明治図書　　　（高橋正明）

子どものトラブルの件で保護者に電話をしないといけない

あるある！困った！こんな場面

　子どもがケンカをして友達に怪我をさせてしまいました。保護者の方にトラブルの件で電話をしなければいけません。保護者の方と話すのが怖いです。

これで解決！対応のポイント

　まず，**保護者の方に「ご心配をおかけして申し訳ありません」と謝罪をしましょう**。何でもかんでも謝る必要はありませんが，学校での指導中に起きてしまったことです。心配をかけてしまったことに関しての謝罪をします。そのうえで，どんなことがあったのか簡潔に時系列を追って伝えます。この際に大切なことが**「事実と感情を分けて伝える」**ことです。まずは，いつ，どんな状況で誰とトラブルが起き，何があったか伝えます。どうして暴力をふるってしまったのか等，感情に関しては後から伝えましょう。最初に事実のみを伝え，その後聞き取りした内容やそのときの感情などについて話します。事実と感情が混ざってしまうと，正しく伝わらないことがあるからです。また，教師の憶測を伝えるのは誤解を招く原因となります。聞かれて分からないことがある場合は，後日子どもに確認し，改めて連絡しましょう。

　事実や時系列を正しく伝えるために，子どもから聞き取る際には**メモをとったり，電話をする前にメモにまとめたりする**のも有効です。メモした内容を学年主任に見てもらい，正しく伝わるか確認してもらうのもよいでしょう。

- 心配をかけてしまったことを謝ろう！
- 事実と感情を分けて伝えよう！

慌てず，落ち着いて

☑️ こうなるまえの！予防策

　トラブルがあった際にも話しやすい関係性をつくるために，日頃から保護者と信頼関係を築くことが大切です。信頼関係を築くための工夫については，同章の「保護者と信頼関係を築けているか心配」をご参考にしてください。

（小川志穂）

保護者から頻繁に連絡が来る

あるある！困った！こんな場面

　子ども同士のちょっとしたことでも頻繁に連絡をしてくる保護者がいます。毎日毎日の電話で，疲れてしまいました。

これで解決！対応のポイント

　保護者は，子どもから伝えられた話が正しいと信じ込むことが多いです。そのような保護者をもつ子どもを受けもった際には，帰宅する前にその子と一緒に１日を簡単に振り返りましょう。「何か嫌なことがあったの？」ではなく，「今日の○○，楽しかったね」という言葉をかけます。ただ，特定の子ばかりとやりとりをしていると，不平等に感じる子どもも出てきます。そう感じさせないために，帰りの会後は一人一人と必ずさよならの挨拶を個別にするなど，**どの子とも一対一の場面をつくります。**いつもと表情が違うことが分かれば，気になる子ども以外の子にも声をかけやすくなります。

　その場だけで解決できないときには，子どもが帰宅する前に保護者に連絡を入れておきましょう。これは，子ども同士のトラブルがあったときの保護者対応でも同じです。教師が事前に情報を入れておけば，保護者も状況が分かったうえで話を聞けます。しかし，子どもから先に保護者に情報が伝わると，あることないこと伝わることがあります。何事も先手必勝です。

> - 気になる子とは，家に帰る前に１日の振り返りをしよう！
> - トラブルがあったときは，子どもが帰る前に保護者に連絡を入れよう！

子どもの観察は先手必勝のためのキモ

☑ こうなるまえの！予防策

　年度はじめに昨年度の担任と子どもの情報を共有するときに，子どもの
みならず保護者のこともきちんと引き継いでおきましょう。心配性な保護
者などは，きちんと把握しておかなければいけません。

（花上和哉）

109

保護者から深刻な相談を受けた

あるある！困った！こんな場面

　放課後，保護者から電話がかかってきました。緊張する気持ちを抑えて電話に出ると，「うちの子はいじめられているんじゃないですか？」と，お母さんの感情的な訴え。こんなとき，どのように対処したらよいのでしょう…。

これで解決！対応のポイント

　いじめや不登校といった深刻な相談を受けたときは，こちらは感情的にならず，落ち着くことが第一です。まず，深呼吸です。次に，保護者の話を親身になって聴きます。大切なことは共感です。丁寧な言葉遣いを心がけ，保護者の話に耳を傾けましょう。話を遮らず，自分の考えや思いは後回しにして，聴くことに徹します。はじめに相手が感情的だったとしても，ゆっくりじっくり話を聴いてもらっているうちに，保護者も落ち着いてくるものです。話の内容はしっかりメモをしましょう。一通り話を聴き終わったら，「ご心配をおかけしてしまい，申し訳ございません」「A君が安心して学校で過ごせるように，全力で対処してまいります」など，しっかりと対応する姿勢を伝えましょう。そして，「学年の教員とも協議し，今後の対応策を考えさせていただきたいので，一度お電話を切らせていただいてもよろしいでしょうか？」と伝え，すぐに学年主任や管理職に相談しましょう。自分の主観だけで動くのは危険です。教員チームで慎重に議論し，策を練って対応するとよいです。

> ● 慌てずに，落ち着いて，話を聴くことに徹しよう！

1人で抱え込まない，チームで対処する

✔ こうなるまえの！予防策

　深刻な相談を受けるときは，当事者の子どもになんらかの予兆が表れていることが多いです。日々，子どもの様子をよく見ることを心がけ，事前にリスクを察知できるとよいです。また，普段から電話や連絡帳を介して子どものよいところを保護者に伝えてつながっていると，いざというときに保護者も味方になってくれます。信頼関係の構築に努めましょう。

（高橋正明）

保護者と信頼関係を築けているか心配

あるある！困った！こんな場面

　いつも悪いことや気になることがあるときにばかり保護者の方に連絡をしがちになってしまいます。よく連絡をとる保護者の方とそうでない方で大きく差ができてしまい，保護者の方と信頼関係を築けているかも心配です。

これで解決！対応のポイント

　日頃から子どものよいところ，頑張ったことを連絡しましょう。「お手伝いをしてくれた」「授業中の発言を頑張っていた」「ノートの字を綺麗に書いていた」等，どんな些細なことでもよいです。**"よいところを伝えるためだけ"に連絡をする**とよいでしょう。

　連絡の手段は電話だけではありません。連絡帳や一筆箋に書くことも有効です。その場合「今日は絶対，保護者の方に連絡帳を見せてね。○○さんが頑張ったことを伝えたいから」と子どもにも声をかけると，こっそり子どもも読んでいます。子どもとの信頼関係を築くことにもつながります。

　全員の保護者の方と信頼関係を築くためには，褒めた連絡の回数を名簿に記録するのもよいでしょう。

　どうしても悪いことで連絡する場合は，はじめから悪いことを伝えるのではなく，子どものよいところや頑張りを伝えてから課題を伝えるようにしましょう。

- ●日頃から電話，連絡帳，一筆箋で「褒め褒め連絡」をしよう！
- ●数名の子どもに偏らないように記録を残そう！

よいところを伝える連絡で win-win-win

✅ プラス！ワンポイント

　オリジナル一筆箋を作成するのも有効的です。自分や学級のオリジナル
キャラクターを描いたり，便箋用の線を書いたりし，印刷してストックし
ておくのもよいでしょう。文をたくさん書こうと思うと大変ですが，一筆
箋は短文でも書くことができるため使いやすいです。

（小川志穂）

同僚との関わり編

学校はチームです。

チームのメンバーである他の先生と

うまく関わることができなければ,

子どもたちによい学校生活を

送らせてあげることはできません。

管理職や先輩教員からの
信頼を得るためには

あるある！困った！こんな場面

　最近，なんだか職場での風当たりが強く，はじめは笑顔で話をしてくれていた管理職や先輩の態度や口調が，以前よりもとげとげしく感じるのです。何か私が悪いことをしてしまったのでしょうか…。

これで解決！対応のポイント

　新任や若手教員の中には，自分で学び，経験を積んでくることで「それなりにやれている」と思い，他者の意見を素直に受け入れられない人も多いです。しかし，うまくやれていることと，「助言を受け取らない」というのは別物です。**「聞く耳」をもたない者は嫌われる**のです。管理職や先輩がアドバイスをくれた際に，聞く耳をもたずに空返事ばかりしていると「この人は可愛げがない」と思われ，確実に嫌われてしまいます。アドバイス通りに「すべて」を実践すべきだと言っているのではありません。まずは，どんな話であれ「聞く耳」をもつこと。そして，肯定的な態度を示していくことで，「可愛げのない後輩」というネガティブなイメージを回避する一助となるはずです。

- 「自信をもつこと」と「話を聞かないこと」は別物である！
- 「聞く耳」をもち，何事も肯定的に受け入れる意識をもつべし！

可愛がられる後輩になろう

☑ こうなるまえの！予防策

　日常的に，管理職や先輩教員に対して，積極的に相談や質問をしにいきましょう。先輩からすれば，後輩から頼られると愛着もわきますし，ひいきにしたくなるものです。保護者とトラブルを起こしてしまった場合や仕事上のミスをしてしまった際にも，ミスのフォローやメンタル面での相談相手になってもらえることもあるので，頼れる存在はつくっておいた方がよいですね。

（伊藤正憲）

学年の先生方との関係が
なかなかうまくいかない

あるある！困った！こんな場面

　一緒に組んでいる学年の先生方との関係があまりうまくいかずに困っています。

これで解決！対応のポイント

　1年間，一緒に仕事をしていく学年の先生はとても大事な存在です。学年の雰囲気が悪いとそれが子どもにも伝わり，悪い影響を及ぼすこともあります。

　自分が若手教師であるこの時期，一緒に組んでいる学年の先生は仕事・人生の先輩であることがほとんどです。どんな先生からも学べることはあります。それをいかに自分のものとして吸収していけるかどうかが大切です。分からないことは「教えてください」と素直に聞いてみましょう。教えることが職業の先生ですから，きっと丁寧に教えてくれるはずです。また，そのような姿勢はきっと相手に伝わります。

　また，放課後の適度なコミュニケーションも大切です。今日あったことでも，趣味の話題でも，自分の心を開いて話すことが大切です。個人的におすすめなのは，学年の先生の誕生日に何かお菓子などを食べながらお祝いをすることです。いい雰囲気で会話も進むのでおすすめです。

- 学年の先生から学ぼうとする姿勢が大事！
- コミュニケーションをとりながら，距離を縮めていこう！

「教えてください！」で円滑な人間関係を築く

参考文献：菊池省三著（2012年）『授業がうまい教師のすごいコミュニケーション術』学陽書房（pp.126-127）

（穐山直人）

先輩によってアドバイスが異なる

あるある！困った！こんな場面

「まずは学級経営が大切だよ」「何よりも授業が大切だよ」など，学校現場では，多くのアドバイスを先輩からもらう場面があります。しかし，すべての先輩の意見を取り入れて，実行することができません。

これで解決！対応のポイント

大前提として，すべてのアドバイスを実行することは，できないことを理解しましょう。1人の先輩のアドバイスでさえ，子どもの実情に応じて実行できること・できないことがあります。ましてや，多くの先輩のアドバイスをすべて取り入れることは，不可能と言えるでしょう。

そのうえで，先輩のアドバイスは受け止めましょう。特に自分が意識できていない部分への指摘は真摯に受け止めることが大切です。しかし，明らかに受け入れられない・納得できない意見もあるでしょう。その場合は，思い切って受け流しましょう。多くの情報を得ることは重要ですが，時には自分で考え，取捨選択することも重要なのです。

先輩からアドバイスを受けるだけでなく，自らアドバイスを求めることも重要です。その場合，まず学年の相談を優先しましょう。例えば，運動会や研究授業などの相談は，まず学年，次に学年以外の信頼できる先輩に相談するとよいでしょう。最も身近な先輩が知らない状況は避けましょう。

- アドバイスを取捨選択しよう！
- まずは学年の先輩に相談しよう！

アドバイスに押しつぶされないように

☑ Check !

　若手教員の場合，アドバイスをもらう場面が多くあります。その際，「受動的」に言われたことをやる場合と，「能動的」に自分で選択して取り組む場合では，取り組む姿勢に大きな違いが生まれます。アドバイスを受け止め，「能動的」に教師が取捨選択することで，教師の物事を考える力も高めましょう。

（徳本直也）

やってみたい実践が止められてしまう

あるある！困った！こんな場面

教育書や講演会で手に入れた，とっておきの実践。早速クラスで行ってみようとしたところ，学年や管理職の先生から注意されてしまいました。

これで解決！対応のポイント

自分がよいと思って取り入れようとした実践を，すぐに行えないのはモチベーションが下がってしまいます。「周りの先生は何も分かってくれない！」と考える前に，自分の行動を振り返ってみましょう。

クラスが複数の学年の場合，あなたのクラスだけが様々な実践を行い，しかもそれが子どもたちにとって学習効果の低いものだとしたら，学級経営はどうなってしまうでしょうか。やる気があることは素晴らしいことです。ただし，そのためには実践内容の吟味・精選をし，さらに**周りの先生方への事前の相談・報告をしてから行う**ことが必要です。**事前に相談を行うことで**，何か問題が起きたときに周りの先生も情報を共有しているので，自分一人でなく組織で対応することができます。

また，助言を受けることで実践をさらによいものへとしていくことができます。その際，セミナーの資料や学習指導要領内の該当箇所を示したり，数値等で根拠を示したりできるとよいでしょう。

- 同僚や学年主任の先生に事前に相談しよう！
- 実践が子どもたちの力を伸ばすことにつながっているか，常に確認しよう！

「やってみたい！」だけで突っ走らないこと

✅ プラス！ワンポイント

　講演や本，研究授業の参観での学びはとても大切ですが，一番身近にある学びは何でしょう？

　それは，校内の先生の実践から学ぶことです。空き時間，放課後等に他の先生の教室を見に行ってみましょう。貴重な実践に出会えるはずです。見つけたら具体的に話を聞き，クラスの実態に合わせてアレンジして取り入れてみるのはいかがでしょうか。

（石澤　智）

仕事術編

教師の仕事はマルチタスクです。

優先順位もつけずに漫然と行っていると,

後で大変なことに…!

働き方改革は,小さなことから始めましょう。

テストの丸付けに時間がかかる

あるある！困った！こんな場面

　漢字テストに算数テストの丸付け，放課後にやろうと思っていたけれど，会議や保護者対応に追われて気づいたらもう21時…。次の日に繰り越しているうちに，どんどん溜まってしまいました。

これで解決！対応のポイント

　丸付けは，早く終わらせるに越したことはありません。子どもにとっては，テストが早く手元に戻ってくるので正誤が分かり，すぐに確認できるので定着に結びつきます。また，教師にとっても，残業時間を減らせるという大きなメリットがあります。

　丸付けを早く終わらせるための手立てを2つ紹介します。

　1つ目は，**テストが終わった子から順次採点を始める**ことです。すべて集めてから丸付けでは，返すのに時間がかかって，残業時間も増える一方です。

　2つ目は，**子ども同士で丸付けをさせる**ことです。テストの種類にもよりますが，簡単なミニテストのようなものであれば，隣の子と答案を交換して，お互いに丸付けをさせましょう。教師は，本当に合っているか確認するだけで，丸付けの手間が省けます。

- ●正確に丸付けをすることを前提に，なるべく早く終わらせよう！
- ●効率よく丸付けができる方法を，自分なりに模索しよう！

効率のよい丸付けは，子どもの学力も伸ばす

交換して丸付け

✅ Check！

　子ども同士で丸付けをさせると，適当に丸を付けたり，わざと厳しくする子どももいます。教師が普段から「漢字ではみ出していたら×」など，ぶれない基準をもっておくことが大切です。また，他の子に丸付けをされたくないという子どもがいた場合は，教師が個別に見ましょう。

参考文献：土居正博著（2019年）『クラス全員が熱心に取り組む！漢字指導法』明治図書

（長田柊香）

所見を書くのにとても時間がかかる

あるある！困った！こんな場面

　所見を書くのにとても時間がかかってしまいます。いつも締め切りギリギリです。余裕をもって取り組むにはどうしたらよいでしょうか。

これで解決！対応のポイント

　日頃の記録の積み重ねが大切です。記録のとり方には以下の方法があります。

・名簿や座席表に具体的にメモをする。

　例）わり算の筆算：位取りに気をつけて正確に問題を解くことができた。

　　　学級での様子：困っている友達に自分から声をかけ手伝っていた。

・黒板に子どもの意見を書く際に名前も一緒に書き，写真に残す。

・「今日は○○さんを見取って記録に残そう」等，決めて取り組む。

　また，所見の型を決めるとよいでしょう。①その学期の取り組み②学習面③行事，生活面④次学期への声かけ等，項目を決めるとよいです。学年主任の先生に今まで書いたところを見てもらうのもよいでしょう。全員分書いてから見せるのではなく，2，3人書いた時点で学年主任や管理職に見てもらうことをおすすめします。また，所見を書く際には表記便覧を参考にして，誤字脱字がないか自分でチェックできると力がつきます。

- 日頃から記録を積み重ねよう！
- 所見の文の型を決め，早め早めに取り組もう！

コツコツ，日々の積み重ね

 Check！

　日々記録に残すことで，記録の多い子どもと少ない子どもとに差が生じていることが分かり，全員を見取れていないことにも気づくことができます。それは通知表のためだけでなく，子どもとの関わりにも生かすことができます。

（小川志穂）

すべての授業に力を入れて取り組みたいが中途半端になってしまう

あるある！困った！こんな場面

「国語・算数・社会・理科・体育」などのすべての授業準備をしていると，夜遅くまで時間がかかり，翌日に疲れが残っています。その結果，どの授業も中途半端なものになってしまいます。

これで解決！対応のポイント

まずは，時間には限りがあることを念頭に置きましょう。多い日には，1日6時間の授業があります。そのすべての授業を入念に準備することは，理想的ですが，現実的ではありません。

そのため，授業準備に軽重をつけるのがよいでしょう。翌日の授業を入念に準備するには，1つか2つの授業が限度です。力を入れる授業を決めたら，じっくり構想を練りましょう。その際，授業のねらいをしっかり定め，「発問・指示・説明」をどのような順序で行うのかを構想し，子どもの反応なども予測する必要があります。場合によっては，教材の準備が必要となるでしょう。1つの授業にこだわり勝負することは大変ですが，その真摯な姿勢を続けることでしか授業力は向上しないと考えましょう。

また，授業実践後には，振り返りをするとよいでしょう。子どもの発言・ノート記録をもとに，授業のどの部分に課題があり，どうすればよかったのか反省点を明らかにすることで，今後の授業改善にもつながります。

- 授業準備に軽重をつけよう！
- 振り返りをしよう！

授業準備には軽重をつけるべし

☑ プラス！ワンポイント

　1日1つの授業準備を行い，振り返ることで，他の授業にも生かせることがあります。それは，子どもの反応を予測することです。こんな発問をしたら，子どもがこういう反応をするだろうと，ある程度の予測できる力が授業には必要です。子どもの反応に対して，教師がどのような言葉がけをするか，次の一手まで授業準備ができると，授業に厚みができます。その結果，1つの授業だけでなく，他の授業でも自然に子どもの反応を予測することができるようになります。

参考文献：大前暁政著（2007年）『若い教師の成功術』学陽書房（pp.140-141）　　　　（徳本直也）

電話にどう出たらいいか分からない

あるある！困った！こんな場面

　職員室の電話が鳴るとドキドキして，「え，どうしよう」「どうやって受け答えすればよいのだろう。でも，出ないといけない」と困って対応に消極的になりがちです。

これで解決！対応のポイント

　電話に出るときは，手元にメモの用意をしておきましょう。受け答えの基本は，次の通りです。

1．自分の所属と名前を名乗る。(例　○○小学校　○○です。)
2．相手の名前をメモする。
3．聞き逃してしまっても焦らず，聞き直す。
　　(例　申し訳ありません。もう一度，お願いします。)
4．〈担当者が近くにいる場合〉
　　必ず，復唱をして電話を保留にして，担当者に取り次ぐ。
　　(例　担当の者 (担任) がおりますので，代わります。少々お待ちください。)
　　〈担当者が近くにいない場合〉
　　席を外していることを伝え，折り返すことを伝える。
　　(例　○○は今，席を外しておりますので，戻り次第，こちらから連絡をさせていただきます。)※相手の連絡先・用件をメモする。
5．相手が電話を切ってから受話器を置く。
6．「誰から」「どのような用件の電話だったのか」を簡潔に伝える。

- ●メモを用意して，確実に用件を聞き取ろう！
- ●焦らず，丁寧な対応を心がけよう！

知らないと困る　電話対応の基本

●自分の学校の職員に敬称は使いません

　例）「校長先生は…」 → 「校長は…」

　　　「○○先生は…」 → 「○年担任の○○は…」

●相槌に注意！！

　慣れてきた頃の保護者との電話で「うん，うん」や「ええ，ええ」などの言葉を連打する相槌はやめましょう。

　「はい」や「そうですね」などの言葉を使いましょう。

●挨拶を忘れずに

　朝であれば「おはようございます」，関係者とのやりとりであれば「いつもお世話になっております」，電話を切るときの「失礼します」など，挨拶の言葉を入れるだけで，柔らかい印象になります。

●電話越しの子どもの呼び方

　保護者との電話で，子どもの様子を伝えるとき，呼び捨てで呼んではいけません。「○○さんは」と「さん付け」で呼ぶ方が丁寧です。

（東川博規）

早く帰りたいが，
帰るタイミングが分からない

あるある！困った！こんな場面

　学級業務も終え，帰ろうとしたが，同学年の先生はまだ仕事中。このまま帰っていいのか，残るべきなのか迷ってしまいます。

これで解決！対応のポイント

ズバリ結論を言います。帰りましょう！

　早く帰ることは，昨今の働き方改革の視点からも今後ますます推奨されていきます。しかし，人が関わり合って成り立っている仕事ですので，そこに**周りの先生方とのコミュニケーションがあるかないか**がとても重要です。

▶事後報告ならぬ事前報告

　予定がある日は**事前に帰る時間を伝えておきましょう**。そうすることで相手も予定を立てやすくなり，見通しをもって仕事に取り組むことができます。

▶普段から周りの先生たちと良好な信頼関係を築く

　クラスの子どもたちにも，挨拶・協力・感謝の重要性について日々指導していると思います。まずは教師が率先して学年の仕事を引き受けたり，手伝ったりして，行動していきましょう。学年の先生が残っているときには，帰る前に「学年の仕事でやっておくことありますか？」と一言声をかけ，相手を気遣うこと等も大切です。気兼ねなく帰れる人間関係をつくっていきましょう。

- 事前に帰る時間を伝えておこう！
- コミュニケーションを積極的にとり，信頼関係を構築しよう！

早く帰るためには「根回し」を

そろ〜り

 Check !

　学年の仕事では役割分担をし，ゴールイメージを共有しておきましょう。年度はじめが理想ですが，難しければ月単位でやることを確認し，分担を決めておくと仕事の見通しがもてるようになります。（例　校内研究の指導案作成締め切り○月○日，本時案 A 先生，単元指導計画 B 先生）

（石澤　智）

どの仕事から手をつけたらいいのか分からない

あるある！困った！こんな場面

　子どもを帰してからの放課後の時間，何から仕事を始めていいか分からず，考えているうちに時間が経ってしまいます。

これで解決！対応のポイント

　基本的な仕事の優先順位として，①学校のこと②学年のこと③学級のこととよく言われますが，これはとても大切です。どの学校も，大体の若手への校務分掌は比較的軽めになるように配慮されています。その中での担当の校務ですから，優先してしっかりと行いましょう。

　また，組んでいる学年の先生には，他の大きな校務を抱えている方や，小さいお子さんがいる方もいます。学年のことで自分にできることは率先して行うことが大切です。特に資料の印刷などの誰でもできる仕事には必ず手を挙げましょう。その次に学級事務，特に翌日の授業準備となります。

　仕事の中には，期日が決まっているものもあります。そのときにできるものはその場で終わらせてしまいましょう。そうでないものは，付箋に書き出して可視化しておくと忘れにくくなります。

　退勤する際に，次の日の朝に何をするかを付箋に書き出しておくと，翌日スムーズに仕事に入れるのでおすすめです。

- 優先順位は①学校のこと②学年のこと③学級のこと！
- 付箋に書き出すことで可視化していこう！

やるべきことは，見える化すべし

優先度

高　①運動会の係の仕事

　　②学年集会での話を考える

低　③算数の次の単元の授業の教材研究

参考文献：江澤隆輔著（2019年）『教師の働き方を変える時短—5つの原則＋40のアイディア—』東洋館出版社（pp.43-44）

（稗山直人）

忙しくてやるべき仕事を忘れてしまう

あるある！困った！こんな場面

　校務分掌の仕事，学年会，プリントの印刷，明日の授業準備…。やること
がたくさんありすぎて，どれがいつまでだったかうっかり忘れてしまいます。

これで解決！対応のポイント

　仕事を忘れないためにできることは2つあります。

　1つ目は，自分で確認をすることです。

　例えば，付箋にメモを書いて見えるところに貼っておきます。いつ，誰に，
どこに提出するのかなどを書いておくと分かりやすくなります。他にも，手
帳に仕事の優先順位をつけたチェックリストを作成して，毎日確認をする習
慣をつけておくと忘れてしまうということが防げます。

　2つ目は，他の人を頼りながら確認することです。

　学年や同じ仕事内容の人とチェックする時間をつくるとよいです。学年会
の時間や朝の時間に，心配なことは確認をしましょう。確認をすることで，
聞かれた側も思い出すことができ，学年でも共有することができます。

　仕事忘れは，普段の生活を少し工夫することで減らすことができます。忘
れやすい人はたくさん手を打っておきましょう。

- 付箋やチェックリストを活用しよう！
- 毎日，仕事を確認する習慣をつけよう！

仕事忘れは信用に関わる

☑ **プラス！ワンポイント**

　教師であれば誰もが書く「週案」を活用した，忘れ防止策もあります。週案のメモ欄に，学年の予定や提出物の締め切りなどをどんどん書き込んでいくのです。週案は週に何度も目にするものですから，結果的に忘れることが減っていくのでおすすめです。

（東川博規）

仕事への集中が続かない

あるある！困った！こんな場面

　ようやく子どもたちが下校し，放課後の会議も終えて，いざ自分の仕事に取り組もうとするものの，疲れて集中力が出せません。

これで解決！対応のポイント

　集中力の維持には，休憩が必要です。現代人がやってしまいがちなのが，休憩中にスマホでネットサーフィンをしたり，動画を見たりすることです。気分転換のつもりでも，これでは脳は休まりません。休憩のポイントは，すべての電源をオフにするつもりで，何もしないことです。人間の脳は視覚にかなりのエネルギーを使っているので，目を閉じるとよいです。自然の音（川の流れる音や，海の波の音など）を聴くことも効果的です。なるべくこまめに休憩をとる方が回復が早いようなので，45分のタスクに対して5分の休憩がおすすめです。

　また，それぞれのタスクに時間を設定することで集中力を維持できます。例えば，Aというタスクに30分と決めたら，ストップウォッチやタイマーなどで時間を計ります。時間内にタスクを終えられるように取り組むのです。このとき，途中で声をかけられたり，スマホの着信音が鳴ったりすると，集中力が途切れてしまうので，なるべく1人で仕事できる環境をつくり，スマホは機内モードにしておくとよいです。

> ●こまめに休憩をとり，タスクに時間を設定しよう！

仕事にも「時間割」をもとう

集中！

☑ プラス！ワンポイント

　精神科医の樺沢氏によれば，朝起きてから2〜3時間が脳のゴールデンタイムだそうです。つまり，教材研究や提案書の作成など，難しい判断や思考が求められるタスクは，なるべく朝のうちにやった方が効率がよいということです。1日のスケジュールを決めるときに，頭を動かすタスクは午前，体を動かすタスクは午後，と決めるとよいかもしれません。

参考文献：樺沢紫苑著（2017年）『神・時間術』大和書房

（高橋正明）

どんな教育書を読んだらいいのか分からない

あるある！困った！こんな場面

　本や教育書などで知識量を増やしたいと思っているのですが，どうやって本を選べばいいか分かりません。

これで解決！対応のポイント

　自分だけの情報では量も質もなかなか確保できません。教育書を読んでみても「自分に合わない」「求めている内容でなかった」等，良書に巡り合うことは難しいと思います。まずは多読してみることが大切だと思いますが，以下の方法を試してみてはどうでしょう。

　同じ学校の先生，講演や勉強会で**紹介された本は，すぐに予約購入しておきましょう。**人に紹介するということは，その本に対して気づきや学びを感じているということですので，自分で探すより良書に出会える可能性はぐんと高くなります。また，本を読んでいるうちに，「この先生の考え方は共感できる」という著書が出てくると思います。そのときには，巻末の参考文献，過去の著書や新刊本を購入してみましょう。さらに学びが広がります。

　週に１回，少なくとも月に１回程度，教育書が揃っている大型書店に足を運び，本に目を通し，興味をもった書籍を購入したり，月刊教育雑誌を**定期購読したりして，新しい情報に触れる仕組みをつくりましょう。**

●積極的に情報収集を行い，新しい知識の蓄積・更新をし続けよう！

様々な方法で情報を取り入れていこう

これはすごい！！

☑ プラス！ワンポイント

　本や雑誌以外にも，最近は教育ブログや note，YouTube 等で情報を発信している先生もいます。教育書と同じように，まずは人に勧められたものから見てみることで，見識が広がります。

（石澤　智）

自分が教師として成長できているのか不安だ

あるある！困った！こんな場面

　日々，業務や授業準備に追われ，あっという間に毎日が過ぎていきます。自分が教師として成長できているのか不安です。

これで解決！対応のポイント

　自分が「どんな教師になりたいか」「どんな力を子どもに身につけさせたいか」常に目標を決めて取り組むことが大切です。教師力をつけるために取り組めることは，以下の例のようにたくさんあります。

①校内の先生の授業を見たり，見に来てもらい指導してもらいましょう。
　→よいと思ったものは真似していき，効果的だったものを蓄積していきます。得意な分野を増やし，苦手な分野を減らしていけるとよいでしょう。
②１日10分程度，退勤前に１日の振り返りを行い，反省と次の日の目標を決めましょう。
③教育雑誌を定期購読したり，本屋に立ち寄って読書したりしましょう。
④尊敬する先生を見つけて真似をしてみましょう。
⑤自分の得意なことは何か探し，生かす方法を考えましょう。
⑥積極的に勉強会や講演会等に参加して，様々な角度から刺激を受けるようにしましょう。

- どんな教師になりたいのか，常に目標を決めて取り組もう！
- 自分に合った方法で，少しずつやってみよう！

いつも心に目標をもって取り組む

✅ プラス！ワンポイント

　授業力を高めるために勉強することも大切ですが，教師としての人間力を高めることも大切です。仕事以外の自分の時間（趣味や友達・家族との時間）も大切にしましょう。様々な経験をすることは視野を広げたり，モチベーションを高めたりすることにもつながります。

（小川志穂）

おわりに
―よりよい教師へと成長するために―

　この本を手に取ってくださった読者の皆さんは，"よりよい教師へと成長したい"という気持ちを少なからずもっていると思います。なぜなら，「本を手に取り，読む」という「行動を起こしている」からです。教師としてだけでなく，人が成長するためには「行動を積み重ねる」他ありません。

　では，どのような行動をすることが成長へとつながるのでしょうか。本書の最後に，読者の皆さんと一緒に考えたいと思います。

　私は大きく2点あると考えています。1点目は，「自分で考える」ことです。悩みや困難の要因は何か，解決するためにどのような手立てがあるかなど，自分が置かれている状況をよく観察し，考えることです。なぜ「自分で考える」ことが必要かと言えば，私たちが日々相手にしている子どもは常に変化する存在であり，また一人一人がそれぞれの個性をもつ存在だからです。目の前の子どもたちにとっての「最適解」を考えるプロセスを通して，あらゆる状況に的確な判断や対応ができるようになると私は信じます。

　しかし，だからと言って「自分だけで考える」のには限界があります。そこで2点目ですが，「他者から学ぶ」ことが大切なのではないかと考えます。身近な人に相談して話を聴く，参考になる本を読んで他者の実践を知る，といったことです。本書の実践事例のように，同じような悩みや困難を解決した人の先行実践から学ばない手はありません。教えてもらったことを生かすことで，悩みや困難を乗り越えられることもあるでしょう。

　以上の2点は，矛盾しているように見えますが，私にはコインの裏表のよ

うに思えます。すなわち，「自分で考える」ことと「他者から学ぶ」ことの往還作業によって，教師は成長していくのではないかということです。「他者からの学び」によって，いろいろな状況下における対応策を知識として会得し，それを生かして実践することができます。しかし，目の前の子どもたちにとっての「最適解」をさらに「自分で考えて」追究していくことで，自分だけのオリジナルの知識や技術を生み出すことができるかもしれません。他者から学んだことをそのまま真似してみるだけでは，おそらく，あらゆる状況に対して的確な判断や対応ができるようにはならないでしょう。「他者からの学び」を生かしながら，さらに「自分で考えて」最適解を見つけようとする―「他者から学ぶ」ことと「自分で考える」ことは，教師が成長するための要素として2つのようで1つ，一体のものなのではないかと思います。

　教育サークル KYOSO's では，それぞれの実践を報告し合い，議論することを通して，「自分で考える」ことと「他者から学ぶ」ことの往還作業に挑戦を続けています。本書も，そのような挑戦の中で生まれました。サークルのメンバー一人一人は，"よりよい教師へと成長したい"という気持ちにあふれ，代表である土居正博を中心に日々，学びと実践にチャレンジしています。本書が出版されるまでの過程で，これまでの自身の実践を振り返り（自分で考える），考えたことを議論し合う（他者と学び合う）ことで，私たちこそがとても勉強になりました。このような貴重な機会を与えてくださった明治図書出版株式会社の皆様，編集に携わってくださった林知里さんに，この場をお借りして心から感謝申し上げます。

　本書を手に取ってくださった皆様とともに，教育現場で奮闘する仲間として，明日を担う子どもたちのために，引き続き挑戦を続けていきたいと思います。

教育サークル KYOSO's 副代表　高橋正明

執筆者一覧（執筆順）

土居	正博	川崎市立はるひ野小学校
穐山	直人	新宿区立西戸山小学校
長田	柊香	私立成城学園初等学校
石澤	智	大田区立南六郷小学校
小川	志穂	日野市立日野第五小学校
花上	和哉	ベルリン日本人国際学校
伊藤	正憲	東大和市立第四小学校
高橋	正明	私立東京創価小学校
東川	博規	世田谷区立千歳台小学校
徳本	直也	練馬区立富士見台小学校

【編著者】

土居　正博（どい　まさひろ）

1988年，東京都八王子市生まれ。創価大学教職大学院修了。川崎市公立小学校に勤務。国語教育探究の会会員（東京支部）。全国大学国語教育学会会員。国語科学習デザイン学会会員。全国国語授業研究会監事。教育サークル「深澤道場」所属。教育サークル KYOSO's 代表。『教師のチカラ』（日本標準）編集委員。2018年，読売教育賞受賞。
著書に，『クラス全員が熱心に取り組む！漢字指導法』『1年生担任のための国語科指導法』『新卒3年目からグイッと飛躍したい！教師のための心得』『初任者でもバリバリ活躍したい！教師のための心得』（いずれも明治図書）など多数。

【著者】

教育サークル KYOSO's

2015年，土居・高橋・伊藤によって立ち上げ。サークル名の由来は，メンバー一人一人が成長し，「共創」「協奏」「競争」し合えるような集団にしていきたいという願いから。月に一度定例会を行い，持ち寄ったレポートや模擬授業を検討し合っている。

〔本文イラスト〕木村美穂

新任3年目までに身につけたい
困った場面をズバリ解決！指導術

2021年2月初版第1刷刊　©編著者　土　居　正　博
2022年1月初版第4刷刊　　著　者　教育サークル KYOSO's
　　　　　　　　　　　　　発行者　藤　原　光　政
　　　　　　　　　　　　　発行所　明治図書出版株式会社
　　　　　　　　　　　　　　　　　http://www.meijitosho.co.jp
　　　　　　　　　　　　　（企画）林　知里（校正）武藤亜子
　　　　　　　　　　〒114-0023　東京都北区滝野川7-46-1
　　　　　　　　振替00160-5-151318　電話03(5907)6703
　　　　　　　　　　　　ご注文窓口　電話03(5907)6668

＊検印省略　　　　　組版所 株式会社アイデスク

Printed in Japan　　　　　ISBN978-4-18-326510-4
もれなくクーポンがもらえる！読者アンケートはこちらから →

明治図書

携帯・スマートフォンからは　**明治図書 ONLINE へ**　書籍の検索、注文ができます。　▶▶▶

http://www.meijitosho.co.jp　＊併記4桁の図書番号（英数字）でHP、携帯での検索・注文が簡単に行えます。

〒114-0023　東京都北区滝野川7-46-1　ご注文窓口　TEL 03-5907-6668　FAX 050-3156-2790